"不忘初心 缅怀先烈"丛书

陈 新 张采鑫◎主编

鲁迅挚友民族魂

瞿秋白

曾 钟 著

花山文艺出版社

河北·石家庄

图书在版编目（CIP）数据

鲁迅挚友民族魂：瞿秋白／曾钟著. —石家庄：花山
文艺出版社，2023.1（2025.1重印）
（"不忘初心 缅怀先烈"丛书／陈新，张采鑫主编）
ISBN 978-7-5511-6043-8

Ⅰ. ①鲁… Ⅱ. ①曾… Ⅲ. ①传记文学－中国－当代
Ⅳ. ①I25

中国版本图书馆CIP数据核字（2022）第020405号

丛 书 名：“不忘初心 缅怀先烈”丛书
主　　编：陈　新　张采鑫
书　　名：**鲁迅挚友民族魂——瞿秋白**
　　　　　Luxun Zhiyou Minzuhun —— Qu Qiubai
著　　者：曾　钟

策　　划：张采鑫　王玉晓
特约编辑：王福仓
责任编辑：申　强
责任校对：李　鸥
封面设计：书心瞬意
美术编辑：王爱芹
出版发行：花山文艺出版社（邮政编码：050061）
　　　　　（河北省石家庄市友谊北大街330号）
销售热线：0311-88643299/48
印　　刷：北京一鑫印务有限责任公司
经　　销：新华书店
开　　本：700毫米×1000毫米　1/16
印　　张：5.5
字　　数：70千字
版　　次：2023年1月第1版
　　　　　2025年1月第5次印刷
书　　号：ISBN 978-7-5511-6043-8
定　　价：39.80元

Contents 目　录

引 子

    20世纪的中国，革命高潮迭起，展现出异常雄伟、波澜壮阔的历史画卷。中国共产党集合了一大批意气风发、才华横溢的年轻人，如毛泽东、周恩来、蔡和森、张太雷、邓中夏、恽代英、萧楚女、苏兆征、彭湃、陈潭秋、罗亦农、刘少奇、向警予、赵世炎等，似璀璨的群星，光华夺目。

    瞿秋白也是这些耀眼的群星中闪亮的一颗，在茫茫夜空留下绚丽的光芒。

    瞿秋白是中国共产党早期领导人之一，伟大的马克思主义者，杰出的无产阶级革命家、理论家和宣传家，是中国革命文学事业的奠基人之一。

    瞿秋白的哲学著作是马克思主义哲学在中国传播史上和中国无产阶级哲学思想发展史上的一个重要里程碑。他的思想理论和革命实践奠定了他作为中国共产党的伟大的马克思主义者、杰出的无产阶级革命家的历史地位。

    在大革命失败的危急历史关头，瞿秋白主持召开中共中央紧急会议，即八七会议，彻底结束了陈独秀右倾投降主义在党内的统治，确立了土地革命和武装反抗国民党反动派的总方针。当他遭受王明"左"倾错误路线迫害，无法在党的领导岗位上继续工作的时候，他并没有因困难而退缩，而是很快在文化战线上打开了新的局面，为中国革命文化事业作出了不可磨灭的贡献。

1935年2月，瞿秋白在福建长汀转移途中被捕。敌人得知他的身份后如获至宝，采取各种手段对他引诱劝降，但都被他严词拒绝。他对劝降者说："人爱自己的历史，比鸟爱自己的翅膀更厉害，请勿撕破我的历史。"6月18日临刑前，他神色不变，坦然走向刑场，沿途用俄语唱《国际歌》《红军歌》；到刑场后盘足而坐，回头微笑着对刽子手说："此地甚好。"饮弹洒血，从容就义，时年36岁。

瞿秋白生前与鲁迅交往，建立了真挚而崇高的友谊，一个是中国共产党早期领导人，堪称民族之魂；一个是骨头最硬的中国文学家，堪称民族脊梁。在瞿秋白壮烈牺牲后，鲁迅以"诸夏怀霜社"为署名编辑出版了瞿秋白的译文集《海上述林》，以志沉痛纪念。敌人可以消灭一个革命者的肉体，但是正如鲁迅先生指出的那样："瞿秋白的革命精神和为党为人民的崇高品格是杀不掉的，是永生的！"

一、觅渡、觅渡、渡何处？

在江苏省常州府城内的东南角有一个很有名的青果巷，巷子里有一座名为八桂堂的私家园林，是瞿秋白时任湖北布政使的叔祖瞿赓甫的住宅。园内遍植梅、兰、桂、菊等花木，且因有八株桂花树而得名。园内亭台楼榭、小桥流水，蝶飞蜂舞、鸟鸣柳翠。瞿家世代为官，在当地是名门望族，书香门第。

但是，瞿秋白的父亲瞿世玮只有空头衔，没有实职，寄居在叔父瞿赓甫家中，经济上则依赖在浙江做知县的大哥瞿世琥的接济。父亲瞿世玮生性淡泊，不治家业，擅长绘画、剑术、医道。

瞿秋白的母亲金璇，字衡玉，江阴大岸村金心芗之女，才貌出众，古文很有根底，爱好诗词赋曲，写得一手好字。

金家明朝初年从安徽休宁、旌德迁至江阴。祖父葆仁，居大岸村；堂伯祖父国琛字逸亭，居住在贤庄乐在堂，两地相距约3里。金逸亭光绪元年出任广东按察使，金心芗随往任盐大使。光绪五年金逸亭亡故，金心芗回到乡间。

光绪二十四年（1898年）在贤庄由大姑母介绍，金璇与瞿世玮"就乡成礼"，满月后回到八桂堂的天香楼。

1899年1月29日，瞿秋白在天香楼出生。瞿秋白是家中的长子。由于瞿秋白头发上生有双旋，父母为其取名双（后改名霜、爽，字秋白）。

　　金氏生有六子二女共8人。瞿秋白幼时依靠叔祖和伯父的官俸过了几年"少爷生活"。母亲常带他到离常州城不远的北门外农村去，那儿住着他的舅父家和姑母家，这使他有机会接近旧中国的农村和农民的孩子，有时瞿秋白还和他们一起玩耍、劳动、放牛、戽水和割稻子。

　　有一次，他在舅舅家，跟邻家一个农民孩子去放牛。天气已经是很凉了，可与他一起玩耍的小孩儿光着背，他就把自己的一件褂子脱下来送给了那个小孩儿。回来的时候，少了一件褂子，母亲责问他把褂子丢到哪里去了，他低声说："送给邻家的孩子了，因为那个孩子穷得连一件褂子也没有。"母亲似乎有些不高兴地说："你做这种事好是好，可是你的衣服也不多呀！"瞿秋白并不觉得自己送褂子做错了，一时任性顶撞了母亲，他说："不多！不多！我的衣服总比人家多么！"就为送褂子顶嘴这件事，瞿秋白一直感到后悔，很多年以后还曾说起。

　　瞿秋白的母亲喜欢教他背古诗词，朗朗的声音总会让她感到欣慰。有一次，瞿秋白背诵："昨日入城市，归来泪满襟。遍身罗绮者，不是养蚕人。"金衡玉听到后就问儿子："诗中那位入城的人归来时为什么泪满襟呀？"瞿秋白回答说："因为养蚕人穿不上绸缎，而不养蚕的人身上却穿着绸缎，所以养蚕人要泪满襟了。"金衡玉不禁抚摸着瞿秋白的头鼓励说："读书就要这样领悟出诗中的道理，才能读得懂学得好。"

　　1903年，瞿赓甫死在湖北任上，从此家道开始中落。瞿赓甫的遗属瓜分财产时，瞿世玮作为瞿赓甫的侄儿被迫离开八桂堂，先后租住在乌衣桥、星聚堂等处，一家人的生活日益窘迫。

　　星聚堂是瞿家的旧祠堂，祠堂前原有一条河，叫觅渡河；河上架着一道小桥，叫做觅渡桥。过桥沿河向右走，不远就是冠英小学。

　　1904年，5岁的瞿秋白进入九皋楼私塾启蒙读书，一年以后，即转入冠英小学读书。这个学校分为初等和高等两级，瞿秋白入学时读的是初等。学校校长庄苕甫是清末的举人，但他却具有维新思想，主张废科举、办学堂，因此在庄氏二贤祠内办起了这座小学校。学校里除了请本地的秀才任教师，还聘请了一个日本教师来教博物学。

一天，教博物的老师在课堂上解剖了一只小狗，他边讲解边指点着解剖后的小狗，使学生们真实地看到了动物的内脏分布。瞿秋白对这堂解剖课很感兴趣，印象特别深刻。他在事后曾说："我妈妈平时一直讲'为人心要放在当中'，其实啊，没有一个人的心是在中间的，人的心脏都是偏向左边的，可见我的妈妈和以往的古人他们都不了解人的心脏的位置的。"

母亲金衡玉经常在晚饭后或夏天纳凉时，给儿女们讲故事。有一次金衡玉讲了木兰从军的故事，瞿秋白听得津津有味，随即问道："花木兰是个女子，她怎么会在军中十几年没被发现认出来，我真有点儿不相信！"还有一次，金衡玉讲了《孔雀东南飞》的故事，瞿秋白听后就诘问道："焦仲卿与刘兰芝两人不是很好吗，为什么婆婆偏偏不要刘兰芝？这个婆婆真是太可恶了。"谁知在瞿秋白数落刘兰芝婆婆时，恰好被他的祖母听到了，祖母听后很不高兴地离开了。

瞿秋白上了小学高年级后，一些乞丐看到他就不停地叫他"少爷、少爷"。每逢这样的场合，他一面摸着袋子，把母亲平时给他的零用铜钱放到乞丐手里，一面对他们说："你们就不要喊我'少爷'了，我可不是'少爷'！"

1910年，瞿秋白从常州府中学堂预科升入本科时，恰好与常州人张太雷同学。这个中学堂的校长屠元博是同盟会会员，经常向学生们宣讲孙中山的反对清朝封建统治、建立民主共和制的思想。瞿秋白曾在操场上对张太雷说："清朝奴役了我们近三百年，我们吃尽了苦头。"他指了指脑后的那根辫子对张太雷说："这尾巴似的东西，非把它剪掉不可！"1911年辛亥革命推翻皇帝的消息传到常州，他激动得真把自己的辫子剪了下来，连蹦带跳地跑到妈妈跟前说："皇帝倒了，你看我把辫子也剪了。"

瞿秋白13岁时，他看到窗外的菊花盛开，就作了一首《咏菊》的五言绝句："今岁花开盛，宜栽白玉盆。只缘秋色淡，无处觅霜痕。"就是这首诗，他巧妙地把自己的"霜""秋""白"的名和号嵌入诗中。

瞿秋白还在中学读书时，他就开始了课外阅读，主要有《通鉴纪事本末》《近世中国秘史》、谭嗣同的《仁学》、严复的《群学肄言》、梁启超的《饮冰室文集》等书。他的书桌上、枕头边，总是堆放着一摞摞书籍。当他闻听辛亥革命的成果被窃取后，写了篇痛斥袁世凯为"国贼"的作文。国文教师看到这样"出格"的作文，大为不满，评语中写下了严厉的怒斥之辞。谁知瞿秋白不但不认错，反而在老师的评语上加了批语，认为老师评语评得不对。这下可惹祸了，国文老师一气之下，拿了瞿秋白的作文本送到了学监处，后来，经校方研究给了瞿秋白一个记过的处分。

瞿秋白很喜欢和张太雷等好友谈论诗词、小说、篆刻、绘画等。他曾对张太雷说："依我看，做一个中国人，尤其是知识分子，起码要懂得中国的文学、史学和哲学。文学如孔子与五经，汉代的辞赋，建安、太康、南北朝文学的不同，唐诗、宋词、元曲、明清小说的特点，史学如先秦的诸子学，以及汉代的经学、魏晋南北朝的佛学、宋明的理学等，都要有一个初步的认识，否则怎能算一个中国人呢？"

这时，瞿秋白的家庭经济情况更不如从前了，连租房的钱都没有。母亲性格柔中带刚，情感丰富细腻，对瞿秋白特别慈爱，并寄予极大的希望。家道衰败，要强的她鼓动丈夫出外谋业。为了家，为了孩子们，父亲抛下画笔，去做自己不喜欢做的"账房"先生。

1913年秋天，瞿秋白的母亲无奈地将病瘫在床且伺候了十几年的婆婆送到杭州大哥瞿世琥家。婆婆对此非常不满，她不愿离开常州故土。在常州摇向杭州的小船上，婆婆大骂秋白母亲不贤不孝。这顶帽子在当时社会是多么沉重啊。

1915年2、3月间，瞿秋白的伯父瞿世琥弃官闲居杭州，断了官俸，家庭生活很拮据，停止了对瞿世玮一家的资助。于是瞿秋白一家陷入经济困境，靠典当、借债度日。

这一年将临中秋节的一天，瞿秋白的玩伴羊牧之看到瞿秋白在整理一堆衣服，说是马上要送到一家典当行卖掉，还说这是他母亲暂时不穿的一件绸袄和几件陪嫁时的旧衣服。羊牧之一听就随口说："你去典了，到天冷时老夫人没有了棉袄怎么办？"瞿秋白听后无可奈何地说："天下的冻饿人何止我母亲一人，顾一下眼前，到那时再说吧！"

还有一次羊牧之奉了母亲之命，拎了一篮芋头给瞿家送去。因为是午饭时间，就在瞿秋白家里吃了饭。那天中午吃的是早上剩余的米粥，瞿秋白边吃边对他说："原以为孙中山领导的辛亥革命，会让一切都好起来，特别是老百姓的日子能过得好一点儿。可是，辛亥革命的成果被袁世凯窃取了，老百姓的生活仍然好不了。"瞿秋白说着激动地用筷子敲打着饭碗，接着又说，"我们家总算还有点儿粥吃，乡下不知有多少穷人连粥都吃不上呢？"

1915年，瞿秋白16岁，离高中毕业只有半年时间了，可他家已是典尽了书画、图章、古玩、衣饰、家具等，穷困潦倒，一贫如洗。由于无钱缴纳学费，瞿秋白只得辍学。失去上学的机会后，原本一个好说好动的少年变得沉默起来。他常常闷在房里读书，往往到深夜还在昏暗的煤油灯下凝神看书，且饮食很少，每餐不足一小碗饭。虽然有时同学来坐坐，他也偶尔到环溪大姑家住些日子，但多是在家独处，这对一个才16岁的少年，心理压力之重可想而知，其心情也因此变得压抑、孤寂。母亲决定让他找个工作，挣点儿钱，分担家里的困难，他顺从了。

一个十六七岁的少年，能够这样做，能够这样体察母亲的心情，替母分忧，难能可贵。不久，经表姐夫介绍，瞿秋白前往无锡南门外江溪桥杨氏义庄小学做了一名教师。

瞿秋白的祖母到杭州两年多，病情加重，在1915年九月初二去世。噩耗传来，秋白母亲捧着祖母的遗照痛哭了一场。她哭自己辛苦服侍病瘫的婆婆16年，悔不该在最后两年里把她送走，以致功亏一篑，亲友们都不再对瞿秋白一家施以援助，还招来了众多亲戚和乡邻的非议，责怪她不孝，害死了婆婆；她哭一家生计无着，前途茫茫。

不料，更加沉重的打击又降临到瞿家。

这年底，秋白母亲趁着丈夫和瞿秋白都不在家的时候，让大女儿轶群去了舅舅金声侣家，让还不懂事的二儿子阿云买来一封红头火柴，悄悄把剧毒的火柴头全部剥下藏起来。

除夕家宴，她特意做得很丰盛，丈夫与孩子们都很高兴，丝毫没有察觉到她的异常之处。

1916年，正月初五，半夜后，她用半瓶烧酒吞服下一整盒剥好的火柴头，初六凌晨被发觉。可是当地习俗春节医院不应诊，于是请来外科郎中施救，但无效，初六下午离世，享年42岁。

彼时瞿秋白在无锡当小学教师，闻讯后于初七上午赶回，号啕大哭。

这一悲剧给了瞿秋白最强烈的心灵刺激，使他一生的心境、情感都受到影响。瞿秋白常常说起母亲的自尽，而每次谈到此事时，都要沉默很久。

母亲去世时，家里最小的孩子才3岁，没有家产又没有工作的父亲怎能抚养得了众多孩子？一家人从此分别投亲靠友。在瞿秋白的协助下，父亲把一个个孩子安排在亲戚家里生活和受教育，只把那个自幼迟钝、精神有病的儿子带在身边。

瞿秋白一直很关爱弟弟、妹妹，努力维系着失去母亲后的亲情联系。他先是在杨氏小学教书。1916年年底，瞿秋白得到表舅母的资助，西赴汉口，寄居在京汉铁路局当翻译的堂兄瞿纯白家中，并进入武昌外国语专修学校学习英文。

瞿秋白在母亲去世的第二年清明节，回到常州扫墓。他给羊牧之看了他所作的《哭母诗》，其中有一首是："亲到贫时不算亲，蓝衫添得新泪痕。饥寒此日无人问，落上灵前爱子身。"他对羊牧之说："母亲自杀后，使我想了很多，我感到当今社会的核心问题是贫富不均。从冲天大将军黄巢到天父、天主、天王洪秀全，做的都是铲不均，可见做事必须从'均'字着手。"

在那个毫无生气的时代，也许就是从这个要铲平"贫富不均"的想法之中，走出了日后的革命者瞿秋白。

1917年春，瞿纯白调到北洋政府外交部任职员，瞿秋白也随同北上北平。他本想考北京大学，研究中国文学，将来好做个教员度过一生。但表兄瞿纯白无法资助他上北大的学费和伙食费，他只好去参加普通文官考试，但没考取。

1917年9月，瞿秋白考入北洋政府外交部办的俄文专修馆，学习俄文，同时自修英语、法语，并到北京大学旁听陈独秀等人的课，继续研究文学和哲学。

二、为衔春色上云梢

1914年第一次世界大战爆发，日本借口对德宣战，攻占青岛和胶济铁路全线，控制山东省，夺取了德国在山东强占的各种权益。

1918年大战结束，德国战败。

1919年1月18日，战胜国在巴黎召开"和平会议"。北京的北洋政府和广州的南方军政府联合组成中国代表团，以战胜国身份参加和会，提出取消列强在华的各项特权，取消日本帝国主义与袁世凯订立的"二十一条"等不平等条约，归还大战期间日本从德国手中夺去的山东各项权利等要求。

然而巴黎和会不但拒绝了中国的要求，还在对德和约上，明文规定把德国在山东的特权，全部转让给日本。北洋政府竟准备在"合约"上签字，此事件激起了中国人民强烈的反对。

5月1日，北京大学的一些学生获悉巴黎和会拒绝中国要求的消息。当天，学生代表就在北大西斋饭厅召开紧急会议，决定5月3日在北大法科大礼堂举行全体学生临时大会。

5月3日晚，北京大学学生举行大会，北京高等师范学校、法政专门学校、高等工业等学校也有代表参加。

会上学生代表发言，情绪激昂，号召大家奋起救国。最后定出四条办法，其中就有第二天齐集天安门示威的计划。瞿秋白担任北京学联评议部负责人，带领俄文专修馆的同学参加了此次游行示威的行动。

5月4日，性格内向的瞿秋白同北京高校的3000多名学生代表冲破军警阻挠，云集天安门，他们打出"誓死夺回青岛""收回山东权利""拒绝在巴黎和约上签字""废除'二十一条'""抵制日货""宁肯玉碎，勿为瓦全""外争国权，内除国贼"等口号，并且要求惩办交通总长曹汝霖、币制局总裁陆宗舆、驻日公使章宗祥。学生游行队伍行至曹宅，痛打了章宗祥，并火烧曹宅，引发"火烧赵家楼"事件。随后，军警进行镇压，并逮捕了学生代表32人。

学生们的游行活动受到社会广泛关注，各界人士纷纷给予支持，抗议逮捕学生，北洋军阀政府颁布严禁抗议公告，大总统徐世昌下令镇压。但是，学生团体和社会团体仍然纷纷走上街头表示抗议。

5月7日，长沙各学校学生举行"五七"国耻日纪念游行。

5月11日，上海成立学生联合会，声援北京。

14日，天津、广州、南京、杭州、武汉、济南等地的学生和工人也给予支持。

19日，北京各校学生同时宣告罢课，并向各省的省议会、教育会、工会、商会、农会、学校、报馆发出罢课宣言。在北京各校学生罢课以后，天津、上海、南京、杭州、重庆、南昌、武汉、长沙、厦门、开封、太原等地学生，也先后宣告罢课，支持北京学生的斗争。

23日，山东济南全市中等以上20余所学校学生举行总罢课，学生们走上街头游行，散发传单，还成立了50多个演讲团，发表露天演讲。

6月3日，北京数以千计的学生再次上街进行演讲活动，反动当局逮捕了包括瞿秋白在内的170多人，关押在北大法科校舍临时改的拘留所内，学校附近驻扎着大批军警，戒备森严。

4日，反动当局又逮捕学生达700余人，激起全国人民更大的愤怒，由此引发了新一轮的大规模抗议活动。

5日，上海工人为响应学生开始大规模罢工。上海日商的内外棉第三、第四、第五纱厂，日华纱厂、上海纱厂和商务印书馆的工人全体罢工，参加罢工的有两万人以上。

6日，上海各界联合会成立，反对开课、开市，并且联合其他地区，告知上海罢工主张。通过上海三罢（罢课、罢市、罢工）斗争的影响，全国22个省150多个城市都有不同程度的支持和响应。

6日、7日、9日，上海的电车工人、船坞工人、清洁工人、轮船水手也相继罢工，总数前后约有六七万人。上海工人罢工波及各地，京汉铁路长辛店工人、京奉铁路工人及九江工人都举行了罢工和示威游行；同时，上海各界商人也罢市，坚决不进日货，对五四运动也起到了推进作用。

8日，迫于社会各界压力，北洋政府当局释放了被关押学生。

10日拂晓，在各校学生号召下，济南全市的商店全部关门歇业，泉城顿时成了一座"死城"。山东督军张树元、省长沈铭昌闻讯，贴出紧急布告，限令商店一律于11日上午开门营业，并派出军警封锁了省立一师、省立一中和省立女师等重点学校，严禁学生外出。省立一师学生首先冲出校门，与其他学校学生汇合成数千人的队伍，向日本领事馆前进。张树元急调马、步兵分两路拦截与学生对峙。学生们转而向山东督军署进发。张树元大为惊慌，命令军警封锁了市区大小街道，围堵学生队伍。学生们群情激愤，在西门大街静坐到深夜。张树元被迫与学生代表谈判，并答应将学生提出的"对德和约不能签字、惩办卖国贼、无条件收回青岛、取消'二十一条'"等四项要求立即转电北京总统府。济南的商店直到15日才陆续营业。

济南当局为了防止学生运动继续发展，命令各学校提前放暑假。部分学生开展了抵制日货斗争。抵制日货运动迅速蔓延到山东全境，以致日货进口大减，很多经营日货的商店关门歇业，日本股票价格猛跌，日本对中国的经济侵略遭到沉重打击。

6月11日，陈独秀、高一涵等人在北京前门外闹市区散发《北京市民宣言》，声明如政府不接受市民要求，"我等学生商人劳工军人等，唯有直接行动以图根本之改造"。陈独秀因此被捕。各地学生团体和社会知名人士纷纷通电，抗议政府的这一暴行。面对强大压力，曹汝霖、陆宗舆、章宗祥相继被免职，总统徐世昌提出辞职。

12日以后，工人相继复工，学生停止罢课。

6月28日，中国代表拒绝在和约上签字。

山东学生的爱国行动得到了济南民众的热烈拥护，但皖系军阀操纵的安福系政客集团所办的《昌言报》却对学生运动大肆诋毁。这家报纸由亲日分子艾庆镛、张景兰把持，他们在报上发表文章，大骂学生"狂热"，胡说"无知孺子焉能过问国家大事……"

7月21日，山东省学联组织爱国民众和学生100多人砸毁了《昌言报》报馆，并把经理张景兰等人拉上街头示众，历数这些亲日分子的卖国行径。在省学联强烈要求下，山东省长沈铭昌把张景兰等人交给高等审判厅审判。

《昌言报》事件发生后，山东督军张树元诬蔑学生"凌辱法纪，滋所欲为"，宣布济南自7月25日起戒严，并任命亲日派的刽子手马良为济南戒严司令。各校学生前去省督军署抗议。马良得知消息后，抢先派兵包围了省立一师，逮捕了16名学生，并命令大刀队、拳术队在校舍里进行搜查。省立一中、省立女师等校部分学生前来声援，被军警连同省立一师学生一齐赶入大礼堂，听候马良"训话"。马良宣称："国家大事不用学生去管，你们受人指使，扰乱治安，应严加惩处。"学生们全体起立，高呼口号，大声抗议。马良见状，扬言"请示督军再行严办"，灰溜溜离开了省立一师。督军张树元深恐事态扩大引起公愤，暗地里释放了被捕学生。

8月5日，马良又杀害了回族爱国领袖马云亭、朱春焘、朱春祥三人，史称"济南血案"。

马良的暴行激起了山东和全国人民的愤怒，由此引发了要求北洋政府取消山东戒严令、惩办马良的请愿运动。山东学联与社会各界推选代表20余人会同京、津代表刘清扬、郭隆真、瞿秋白等人三次去总统府请愿。

8月23日，瞿秋白及各地学生代表再次被警察厅逮捕。

8月30日迫于全国爱国运动的压力，北京政府被迫释放了全部请愿代表，下令取消济南戒严令，并将马良撤职。

　　在瞿秋白踏入革命道路之前，他翻译发表了一些思想进步的作品。他的第一篇文学译作是托尔斯泰的短篇小说《闲谈》，1919年9月发表于《新中国》杂志第1卷第5号，这也是他公开发表的第一篇文学作品。

　　1917年11月俄国发生了十月革命，由伟大革命导师列宁领导下的布尔什维克党发动武装起义，建立了人类历史上第二个无产阶级政权。十月革命像一股强劲的风，吹醒了沉睡的中国。

　　远东俄国所发生的一切，引起国内知识界强烈的兴趣，他们迫切地想知道那里的事情，于是大量的俄文著作被翻译介绍到中国。这以前，中国介绍俄罗斯文学，都是通过别国文字转译，尤其是通过英、日文转译的。

　　瞿秋白是当年第一批直接从原文介绍俄罗斯文学的译者之一，而且是极为出色的一个。

　　1919年11月1日，《新社会》创刊。瞿秋白、耿济之、许地山、瞿世英等负责撰稿和编辑，郑振铎负责集稿、校对和跑印刷所。其《发刊词》说："中国旧社会的黑暗，是到了极点了……我们改造的目的就是要创造德莫克拉西的新社会自由平等，没有一切阶级一切战争的和平幸福的新社会。"

　　1920年，瞿秋白相继在《曙光》翻译发表了果戈理的短剧《仆御室》，在《妇女评论》发表了果戈理的小说《妇女》，在《新社会》发表了法国都德的小说《付过工钱之后》。其他译作还有《论"不死"书》《告妇女文》《祈祷》《论教育书》《社会之社会化》等，这些作品主要是从俄文出版物翻译或转译过来的。

　　瞿秋白还带动和影响耿济之等进步青年进行俄罗斯文学翻译。瞿秋白为耿济之等翻译的《俄罗斯名家短篇小说集》第一集作序，和耿济之共同翻译了托尔斯泰的10篇短篇小说，编成《托尔斯泰短篇小说集》一书。在与耿济之一起翻译时，一般是瞿秋白看着原著口译，耿济之记录，再经瞿秋白修改定稿。因为瞿秋白的俄文、中文都比耿济之要好，耿济之的译稿也多经过瞿秋白的修改。

俄国十月革命爆发后，瞿秋白开始阅读《共产党宣言》《妇女与社会主义》等进步书刊。

瞿秋白发表了一系列文章，思想上开始倾向马克思主义。

这一时期，瞿秋白的翻译涉及社会、教育、文化等方面，体现了以科学民主对抗封建愚昧、以改革社会救国救民的核心思想。如译介托尔斯泰的《闲谈》，旨在号召人们不再信仰上帝，上帝是统治阶级用来愚弄百姓的谎言。译介托尔斯泰的《祈祷》，是以仆人的口道出："各人应该各自尽力，只有自己尽力的人方才能够得到益处。"译介果戈理的《仆御室》，以揭露俄国下层社会的黑暗和官场怪状；通过果戈理的小说《妇女》、都德的小说《付过工钱之后》，控诉广大妇女被奴役的悲惨地位，宣言妇女解放，男女平等，打破封建枷锁。

瞿秋白之所以主要翻译介绍俄国作品，是他认为俄国的国情与中国的情况十分相近，如果戈理的《仆御室》《妇女》所描写的俄国社会的丑恶现象，在中国同样存在。瞿秋白要通过这种文学作品唤醒人们，推动社会变革，正如他在翻译《仆御室》的"后记"里写道：文学作品描写刻画"社会的恶"，以文学艺术的方法变更人生观，打破社会习惯，有助于改变社会的恶。他在《〈俄罗斯名家短篇小说集〉序》中指出：只有因社会的变动，而后影响于思想；因思想的变化，而后影响于文学。

1920年3月，邓中夏在李大钊指导下，秘密创立北京大学马克思学说研究会；不久，瞿秋白参加了该组织，开始和李大钊、邓中夏、张申府等人共同研讨科学社会主义。4月以后，瞿秋白在《新社会》发表系列文章介绍马克思主义。他指出，要创造新社会，必须实行"激烈的改革运动——革命——根本的改造"。《新社会》所持的激进的民主主义思想使它成了五四运动后有较大影响的进步刊物，成了反帝反封建队伍里勇敢的尖兵。特别是瞿秋白的尖锐的文章，备受欢迎。5月1日《新社会》被京师警察厅查封。

瞿秋白非常愤慨，决定与郑振铎等人再出版一种刊物继续斗争。

8月15日，《人道》月刊创刊。《人道》的《宣言》说：人道是与畜道对立的，畜道就是"弱肉强食"。《人道》的同人表示，要将世间一切的苦乐描写出来，让人道的光充满世界。

这一年五四运动的大潮刚刚退去，秋天，报上刊登了一则向俄国派遣新闻记者的启事。此时的瞿秋白年仅21岁，正在北京的俄文专修馆学习，他决定应《晨报》与《时事新报》的聘请，以特约记者的身份前往莫斯科，考察苏俄十月革命后的情况。

10月16日，瞿秋白乘火车离开北京，一路上的种种景象，对他产生了极大的刺激。由于满洲里和赤塔之间有战事激烈进行，无法前进，瞿秋白一行在哈尔滨停留了50多天。

他在哈尔滨第一次看到了马克思、恩格斯、列宁的像，在参加苏俄人庆祝十月革命三周年大会上第一次听到《国际歌》。

穿过贝加尔湖，越过乌拉尔山，1921年1月25日晚上11时，历经辗转的瞿秋白一行，终于抵达莫斯科。大雪纷飞的莫斯科寒气逼人，他给自己取了一个俄文名字"维克多尔·斯特拉霍夫"，译成汉语即"战胜恐惧、克服困难"之意。瞿秋白一行受到了苏俄外交人民委员会的热情接待。他们在工作上给瞿秋白提供了许多方便，可以搜集材料，可以访问党政要人，可以参观工厂、机关和学校。在随后的日子里，瞿秋白以记者的身份，积极参加各方面的社会活动，考察革命后的苏俄，研究苏俄的革命。他写了大量通讯报道，通过北京《晨报》和上海《时事新报》，向国内介绍了苏俄的实况，并写了《饿乡纪程》和《赤都心史》两本散文集。

瞿秋白赴苏联之前，孤处异乡的父亲当时在一位好友家做家庭教师。瞿秋白专程去济南拜别父亲。父子同榻，谈了整整半宿。父亲对儿子远行赴苏俄非常支持，并且寄予深切的希望。瞿秋白将父亲的话郑重记入其著作《饿乡纪程》里，可见他是深有感受而铭记于心的。《饿乡纪程》记述了从北京到莫斯科沿途的观感；《赤都心史》则介绍了自己如何由民主主义者转变为共产主义者的过程。此外，他还撰写了《俄国文学史》和《俄罗斯革命论》，叙述俄国文学的发展历程，介绍俄国社会主义制度，歌颂十月革命。

瞿秋白与张太雷在莫斯科相遇。张太雷于1920年10月参加北京共产主义小组，赴莫斯科任共产国际远东书记处中国科书记，是中共派往共产国际的第一人。他乡遇故知，瞿秋白高兴之余，作出了人生中重要的一次决定。

1921年5月，经张太雷介绍，瞿秋白在莫斯科加入共产党；第二年春天，正式加入中国共产党。

战后的俄国由于饥饿和疲惫，有一部分工人和农民对现实表现出了不满情绪。在这种情势下，全俄共产党召开了第十次代表大会，列宁在大会上作了政治报告。大会刚一结束，瞿秋白迅速通过《晨报》向中国人民报告了大会的情况。瞿秋白报道的俄共十大最为详细，有将近5万字，30多篇文章。

1921年6月22日，共产国际第三次代表大会在莫斯科大剧院举行开幕式，瞿秋白以记者的身份参加了会议，会场内《国际歌》响彻云天。

"在安德莱厅每逢有列宁演说，台前总是拥挤不堪。椅子上桌子上都是人，电气照相开灯时，列宁伟大的身影投射在'世界无产阶级联合起来，俄罗斯社会主义联邦苏维埃共和国万岁'等标语题词上，又衬着红绫奇画，另成一新奇的感想、特异的象征……列宁的演说篇末数字往往为霹雳的鼓掌声所吞没。"这是瞿秋白到了莫斯科后，参加的一次最热烈的政治活动。他的感受是深刻的，是强烈的，他在当天写下了的这篇文字，向亿万中国人民最早描绘了列宁的形象。

7月6日，是瞿秋白永远难忘的日子，他在安德莱厅第一次近距离见到了伟大的无产阶级革命导师列宁。在会议休息时，瞿秋白遇见了列宁，并进行了简短的交谈，列宁把几篇有关东方文化的材料交给了他，让他仔细阅读。

此时的瞿秋白早已不再是一个迷茫的寻觅者，赤都火热的生活，使他的心灵深处发生了急剧的深刻变化。他经过学习马克思主义理论和实地考察，已经逐步接受了马克思主义的社会革命思想。

11月7日，俄国十月革命胜利四周年，瞿秋白在莫斯科第三电力劳工工厂参加工人的纪念集会，又一次见到了列宁，并聆听了他的演讲。

1921年秋，东方劳动者共产主义大学开办中国班，刘少奇、任弼时、彭述之、罗亦农、萧劲光、柯庆施等在此学习，瞿秋白作为当时莫斯科仅有的翻译，进入该校任政治理论课的翻译和助教，开始接触马克思主义的理论书籍。

1922年1月，远东各国共产党及民族革命团体第一次代表大会召开，瞿秋白担任大会翻译工作。

1922年11月，中共领导人陈独秀到苏联出席共产国际第四次代表大会，瞿秋白担任陈独秀的俄文翻译。

在陈独秀的邀请下，瞿秋白结束了他的第一次苏俄之行，回到了祖国，开始在政治上有所发展，这一年他24岁。

瞿秋白在回国三天后所写的文章《最低问题》中写道："中国真正的平民的民主主义，假使不推倒世界列强的压迫，永无实现之日。全国平民应当积极兴起，只有群众的热烈的奋斗，能取得真正的民主主义；只有真正的民主主义，能保证中国民族不成亡国奴。"

1923年1月，瞿秋白回到北京。2月，北京大学教授张君劢为即将出国留学的清华学校的学生作了"人生观"的讲演；4月，丁文江发表《玄学与科学——答张君劢》一文，反对张君劢的观点，由此引发了科学与人生观问题的论战。瞿秋白也参加了这场论战，并于1923年12月在《新青年》上发表《自由世界与必然世界》一文，用辩证唯物主义和历史唯物主义观点正确说明了人生观问题。瞿秋白认为，人的一切动机都不是自由的，是受因果律支配的。人的意志若不根据因果律，则没有自由。但是，人们的意志和行为受必然规律的支配，并不否认人类的主观能动作用，正因为人们在斗争过程里不断发现历史的必然因果，所以能使人类运用自然规律和社会规律同登自由之域。经过论战，科学思想更加深入人心。

1923年2月，瞿秋白翻译了斯大林著作《论列宁主义基础》中的《列宁主义概述》部分，在《新青年》上发表。此外，他还撰写了许多介绍列宁、共产国际纲领与策略、国际共产主义运动史等方面的文章。

1923年夏，瞿秋白到上海担任上海大学教务长兼社会学系主任。当时，中共中央决定把理论性机关刊物《新青年》由月刊改为季刊，瞿秋白任主编，并为《新青年》题写刊名；他还参与编辑中共中央政治机关报《向导》周报、《前锋》等刊物。这期间，瞿秋白第一次以《国际歌》为名将其译成汉语。此前，虽有耿济之、郑振铎以《第三国际党的颂歌》之名对此歌做过翻译，却因没有附曲无法传唱。

瞿秋白将从法文译来的歌词和简谱发表在1923年6月的《新青年》复刊号上，《国际歌》才在社会上传唱起来。现行的中文版《国际歌》歌词是在萧三等人几次修改基础上于20世纪60年代最终定稿的，但其中"Internationale"（英特纳雄耐尔）一词保持音译不变首创于瞿秋白。

瞿秋白在《新青年》《向导》《前锋》等刊物上发表了大量文章，宣传马克思列宁主义和中共二大制定的民主革命纲领，解释共产国际的政策，为中国共产党早期的理论建设和理论宣传作出了重大贡献，成为中共党内著名的理论家。

三、春意枝头闹

1923年，由于孙中山力排党内非议，坚决主张"联俄容共"，国共开始了第一次的合作。1923年6月，中国共产党第三次全国代表大会确定了共产党员以个人身份加入国民党。1924年1月20日～30日在中国共产党人的参加与帮助下，孙中山在广州召开了国民党第一次全国代表大会，重新解释三民主义，确定了联俄、联共、扶助农工的三大政策，从此开启了第一次国共合作。此次合作为中国共产党提供了发展壮大的广阔空间。

1923年6月，瞿秋白来到广州，作为苏联归国代表，出席中国共产党第三次全国代表大会。此时，"二七惨案"给予中国人民以深刻的教训，共产党人认识到工人阶级必须团结一切反帝反封建的阶级，结成广泛的革命统一战线。

瞿秋白在大会上作了关于出席共产国际第四次代表大会情况的报告，会前还参与了《党纲草案》和大会决议案等文件的起草工作。他和李大钊、毛泽东、张太雷等同志坚决主张国共合作。

所谓统一战线的根本问题，就是怎么对待资产阶级的问题。瞿秋白运用马克思主义，分析了资产阶级的妥协性，又分析它具有反抗帝国主义的斗争性，提出对资产阶级既要采取团结的办法，同时也要对它的妥协性进行斗争。

党的三大结束后，瞿秋白回到上海，由李大钊介绍参加上海大学的工作。上海大学是国共两党合办的一所培养干部的学校，校长是国民党人于右任，实际负责校务和教务工作的是共产党人邓中夏和瞿秋白。瞿秋白任教务长兼社会学系主任，并讲授社会学概论等课程。

他到了上海大学，创建了一些新的系科，如社会学系、俄国文学系，这些系以前都是没有的，瞿秋白办得非常有特色。瞿秋白努力把上海大学办成"南方的新文化运动的中心"，他开设的"现代社会哲学""现代社会学"等课程，用马克思主义哲学的基本知识武装学生的头脑，为革命培养了许多骨干力量。

1923年8月，瞿秋白到南京，代表中共中央出席中国社会主义青年团第二次全国代表大会。

会间，施存统拉着他去看望两位女孩子，一位是丁玲，一位是王剑虹。第一次见面，瞿秋白就给她们留下了深刻的印象。丁玲后来回忆说："这个新朋友瘦长个儿，戴一副散光眼镜，说一口南方官话，见面时话不多，但很机警，当可以说一两句俏皮话时，就不动声色的渲染几句，惹人高兴，用不惊动人的眼光静静地飘过来，我和剑虹都认为他是一个出色的共产党员。这人就是瞿秋白同志。"瞿秋白讲苏联故事给她们听，引起她们极大的兴趣。

王剑虹，土家族，1903年出生在四川酉阳县龙潭镇（今属于重庆市）。父亲王勃山早年参加了孙中山领导的同盟会，曾任广州国民政府秘书，一生爱好文物，擅长医道、诗文、交游等；母亲吕莲娣，有一点儿文化，温柔、贤惠，在王剑虹12岁时病故。

王剑虹小时候读过几年私塾。后来，因为成绩优异跳级插班到当地一所高等小学读书。1916年，13岁的王剑虹高小毕业，1918年夏天考取了湖南省立第二女子师范学校。在这里，她和比自己小一年级的丁玲成了十分要好的朋友。1919年五四运动爆发后，王剑虹成了全校学生运动的领头人。她有一双智慧、犀利、坚定的眼睛。她思想进步，口齿流利，是一位有思想见地、才华出众的女青年。在一些辩论会上，她带有煽动性而又极富应变才能的演说，常常激起全体同学的热情，几乎每句话都引起雷鸣般的掌声，把辩论的对手问得瞠目结舌。丁玲说她像"一团烈火，一把利剑，一支无所畏惧、勇猛直前的尖兵"。

1920年冬，王剑虹随父亲去上海继续求学深造。到了上海后，他们才知道上海的许多学校费用都很贵，根本读不起。最后，她选了费用最低的、由刘海粟创办的上海美术学校。一次上课时，王剑虹撞见一位教员调戏女模特儿，便愤怒地冲上去打了那个教员两个耳光，这下闯了大祸，很快王剑虹就被学校开除了。

因为父亲王勃山是同盟会会员，与国民党元老谢持是老朋友，在谢持的帮助下，王剑虹被介绍到了中华女界联合会会长徐宗汉处工作。徐宗汉是辛亥革命领导人黄兴的夫人，王剑虹的任务就是帮助徐宗汉做抄抄写写的文字工作。徐宗汉的秘书叫王会悟，王会悟又是陈独秀创办的上海共产主义小组主要成员李达的夫人。不久，王剑虹就与王会悟成了好朋友；随后，王剑虹又通过王会悟认识了李达、陈独秀。

1921年10月，为了开展妇女运动，陈独秀决定办一个妇女刊物，刊物的主编由李达担任。因为王剑虹酷爱文学，尤其是古典文学，她的才华很为陈独秀、李达赏识，陈独秀就让王剑虹与李达的夫人王会悟负责刊物的编辑组稿工作，刊物的名称《妇女声》也是王剑虹首先提议的。

办《妇女声》还得到徐宗汉的赞同，答应作为中华女界联合会的机关刊物出版，女联会还拨出法租界贝勒路375号的几间房子作为刊物编辑部办公室。1921年12月10日，《妇女声》正式创刊。王剑虹除了编辑稿件外，自己也撰写了《女权运动的中心应移到第四阶段》的文章，刊登在《妇女声》创刊号上，呼吁知识妇女组织团体，加入无产阶级革命军。她的才华和能力得到了陈独秀和李达的赞赏。

后来王剑虹又协助陈独秀和李达创办了上海平民女校，学校在南成都路辅德里632号租了几间房子，徐宗汉把中华女界联合会的一部分旧桌椅捐给了平民女校。学校的学生一般是思想比较进步和因逃婚或家庭生活困难而失学的女孩。学校是工读性质的，设有工作部，下设编结、缝纫剪裁和联络推销组。学校筹备工作进入尾声时，王剑虹突然想到了好友丁玲，她向陈独秀、李达反映了丁玲的情况，说丁玲在父亲死后，和母亲一起寄居在湖南常德舅舅家里，过着寄人篱下的生活，还被包办了与表兄的婚约。陈独秀、李达听后就让王剑虹动员丁玲来校就读。

1922年春节前夕，王剑虹利用回家探亲之时，专程绕道湖南常德丁玲家中，很快说服了丁玲的母亲。就这样，丁玲与王剑虹一起来到了上海。就这样，丁玲的命运从此发生了影响一生的改变。

1922年2月10日，平民女校正式开学，学校招收了23名学生。学校分高、初两级，高级班的学生又是初级班的教师。给高级班上课的有茅盾、陈望道等。王剑虹、丁玲二人都在高级班；陈独秀的夫人高君曼、茅盾的夫人等人在低级班。1922年底，李达应毛泽东之邀赴长沙筹备创办湖南自修大学，平民女校就由蔡和森、向警予夫妇接办。

从结伴离开湖南起，王剑虹和丁玲结为挚友，她们白天形影不离，晚上同床而眠。

1923年夏天，她们两人来到了南京，过着极度俭朴的生活。没有想到，在南京她们和瞿秋白相遇了。当瞿秋白了解到她们二人这一年来过着东游西荡的生活时，鼓励她们随他去上海，到上海大学文学系听课。并告诉她们，上海大学是一所正规学校，在那里可以学到一些文学基础知识，可以接触到一些文学上有修养的人。还告诉她们这个学校是国民党办的，共产党在学校里负责社会学系，负责人就是他和邓中夏。瞿秋白还保证她们到那里可以自由听课，自由选择。在瞿秋白的劝说和吸引下，王剑虹和丁玲决定重回上海，进入上海大学中国文学系。王剑虹喜欢旧诗词，特别喜欢听俞平伯讲的宋词，常常低回婉转地吟诵。

上海大学设在偏僻的闸北区青云路上，是些破旧的里弄房子，设备虽然简陋，但就在这里曾为党培养了大批的革命干部。这所学校名义上是国民党办的，于右任任校长，邵力子任副校长，实际上却是由著名的共产党人邓中夏、瞿秋白、恽代英、萧楚女等人负责的。

瞿秋白是教务长兼社会学系主任。他白天讲课，下课后有时到王剑虹和丁玲住的小屋去，给她们讲文学，讲古希腊、罗马文学，讲文艺复兴，也讲唐宋元明文学；不但讲文学，还讲社会生活。特别是后来，为了帮助她们两人领会普希金的语言的美丽，就教她们直接读原文的普希金的诗，边读诗边学俄语。

爱情就在频繁的来来往往的交流中产生了。此时的瞿秋白感到了一种隐蔽而又神秘的感情悄悄袭上心头。他为此感到苦恼，不知如何是好，于是他不再去王剑虹和丁玲的小屋了。

与此同时，王剑虹也一反常态，不同丁玲商量，就决定要跟父亲回四川。这使丁玲很纳闷儿，原来过于强烈的自尊心，使他们不知如何表达自己的感情，只好默默忍受着情感的煎熬。

王剑虹的性格文静、沉稳，外柔内刚，还有较深的古典诗词功底。丁玲则性格洒脱、任性，内柔外刚。沈从文曾经评价王剑虹、丁玲二人："丁玲女士天真烂漫，处处同一个男孩子相近；那王女士却是有肺病型神经质的女子，以美丽而出名。"

当丁玲发现王剑虹压在枕下的情诗，得知王剑虹也在暗地里爱着瞿秋白时，她决定去找瞿秋白。

瞿秋白住地离学校不远。丁玲来到这里，瞿秋白态度仍和平素一样，他用探询的目光望着丁玲，试探着说道："你们还是学俄文吧，我一定每天去教。"丁玲无声地把王剑虹的诗交给他。他退到一边去读，读了很久，才又走过来，用颤抖的声音问道："这是剑虹写的？"丁玲答道："是。你知道，剑虹是一个深刻的人，她可以把爱情关在心里，也不会显露出来让人议论或讪笑的。她是世界上最珍贵的人，也是我最好的朋友。我不忍心她回老家。你们将是一对最好的爱人，我愿意你们幸福。"

当瞿秋白再次来到丁玲和王剑虹的宿舍时，丁玲从墙上取下王剑虹的一张全身像，送给了他。

1924年1月，瞿秋白与王剑虹结婚。这时上海大学迁到西摩路，他们也搬到了附近的慕尔鸣路兴彬里的一座小楼里,这是一幢两楼两底的弄堂房子,同他们住在一起的还有瞿秋白的二弟瞿云白、丁玲和施存统一家。瞿秋白总是将时间安排得很好。寒假期间,瞿秋白出门较少;开学以后,也常眷恋着家。他每天外出时,西装笔挺,一身整洁,精神抖擞,精力旺盛,除了给上海大学讲课,还给鲍罗廷当翻译。

瞿秋白常常在外忙了一整天,晚上还要赶写文章,通宵坐在桌前,泡一杯茶,点一支烟,王剑虹则在一边陪着他。他一夜能翻译一万字,稿纸上的字仍然写得端正秀气,几乎一字不改。有时奔波了一天,回来仍然兴致很好,同王剑虹谈诗、写诗。他每天写诗,一篇又一篇,全是送给王剑虹的情诗。瞿秋白擅长刻图章,有时把他们最喜爱的诗句,刻在各种各样的精致的青田石、寿山石上。他们的爱情就像一首美丽的诗,深沉而炽热。

瞿秋白的爱好是多方面的,他曾教王剑虹、丁玲唱昆曲《牡丹亭》,还教她们绣花。他把花鸟画在丝绸或棉布上,再题上诗词,由她们动手绣。晚间闲时,有几次,瞿秋白和王剑虹来到丁玲的小房间,围坐在煤油烤火炉前,把电灯关掉,只有炉火从炉盖上的一圈小孔中射向天花板,像一朵花的光圈,微明闪烁。瞿秋白这时总是给她们讲文坛的逸事,他谈锋很健,又常带幽默。他谈沈雁冰和郑振铎,也谈徐志摩和郁达夫,而对她们两人,似乎这一切都是新鲜的。丁玲后来说:"我只是一个小学生,非常有趣地听着。秋白的议论广泛,我还不能掌握住他的意见和要点,只觉得他的不凡,他的高超,他似乎是站在各种意见之上的。"

1924年1月,新婚不久的瞿秋白去广州参加了中国国民党第一次全国代表大会。孙中山主持了大会。在这次大会上通过了新的党纲、党章,确立了联俄、联共、扶助农工三大政策,选出有中国共产党人参加的国民党中央领导机构。在大会通过的《中国国民党第一次全国代表大会宣言》中,孙中山对三民主义作了新的解释,充实了反帝反封建的内容。中国国民党第一次全国代表大会的召开,标志着孙中山的革命思想和革命事业发展到了一个新阶段。

这是一次极为重要的大会，孙中山接受共产党的帮助，改组国民党，重新解释三民主义，形成国共合作，为北伐的胜利奠定了基础。

在广州期间，瞿秋白住在共产国际代表，同时也是苏联驻广东革命政府代表兼国民党政治顾问鲍罗廷的公馆里，担任他的助手和翻译，参与了国民党一大宣言的起草工作。在繁忙工作之余，瞿秋白几乎每天都要给王剑虹写一封信，信是用五彩的布纹纸写的。

1月12日："……你偏偏爱我，我偏偏爱你——这是冤家，这是'幸福'。""爱恋未必要计较什么幸福不幸福。爱恋生成是先天的……单只为那'一把辛酸泪'，那'暗暗奇气来袭我心'的意味也就应当爱了……"

1月13日："我们要一个共同生活相亲相爱的社会，不是要——机器、楼房啊。""这一点儿爱苗是人类将来的希望……要爱，我们大家都要爱是不是？——没有爱便没有生命；谁怕爱，谁躲避爱，他不是自由人。——他不是自由花魂。"

1月28日："我苦得很——我自己不得你的命令，实在不会解决我的人生问题。我自己承认是'爱之囚奴'，'爱之囚奴'！我算完全被征服了！"

瞿秋白还在一封信中夹着一首诗："万郊怒绿斗寒潮，检点新泥筑旧巢。我是江南第一燕，为衔春色上云梢。"

年轻多情的瞿秋白沉醉在爱情的欢乐与烦恼之中，可惜这种卿卿我我、甜甜蜜蜜的生活太短暂了。结婚只半年时间，王剑虹即得了肺病。她的母亲和姐姐是患肺病死的，瞿秋白也患有肺病，不知是谁把这个当时还是不治之症的疾病传染给了她。最初医生误诊为怀孕的反应，待到确诊为肺病时已非药物所能救治了。

那时瞿秋白的工作任务很重，但还是片刻不离地侍候，喂汤喂药，在妻子卧病的床边，一面写作，一面照料她。他知道妻子的病的恶化，而这病说不定就是自己传染给她的，更增加了他的痛苦。他给已离开上海到湖南省亲的丁玲的信中说："我好像预感到什么不幸。"眼看着王剑虹的病势日渐加重，他心里沉重得像是灌满了铅，但他仍竭力控制自己的情绪，照常参加各种会议，课也照常讲得丰富而又生动。

1924年7月间，经多方医治无效，病魔终于夺走了王剑虹20岁如花的生命，也夺走了瞿秋白的欢乐。

王剑虹逝世那天瞿秋白悲痛大哭，王剑虹已去了另一个世界，瞿秋白的心也随她去了！

瞿秋白把爱妻生前的照片，就是定情之时由丁玲送给他的那一张照片，从墙上取下来，在照片背后题了一首诗，开头写着："你的魂儿我的心。"他平时称爱妻为"梦可"（法语"我的心"的音译）；他的心现在死去了……他把照片用白绸巾好好包起。

生命的伴侣王剑虹"走"了以后，瞿秋白的心像是断了线的风筝，随风飘忽；又像是漂浮在大海上的一叶孤帆，不知何处是归岸。正如丁玲在文章中所描述的："尽管他们这段生活是短暂的，但过去火一样的热情，海一样的深情，光辉、温柔、诗意浓厚的爱情，却是他毕生难忘的……剑虹在他心中是天上的人儿，是仙女……"

1924年7月，根据孙中山建议，国民党中央设立政治委员会，孙中山自任主席，瞿秋白当选为委员，聘鲍罗廷为高等顾问。这一时期，瞿秋白同时还以候补中央执行委员的身份参加国民党上海执行部的指导工作，同时还担任上海国民党机关报《民国日报》的编辑工作。

1924年底，上海大学整理出版了瞿秋白讲课的讲义《现代社会学》《社会科学概论》《社会哲学概论》。在这三部主要的著作当中，瞿秋白第一次把马克思主义的辩证唯物主义和历史唯物主义融合成一体，形成一个马克思主义的哲学体系，在广大青年学生当中进行传播，起着不可估量的巨大作用。

第一次国共合作以后，革命形势有了迅速发展，群众运动蓬勃展开。但在热潮中始终隐伏着一股逆流，敌视革命的国内外反动势力，加紧了勾结与反扑，白色恐怖的空气笼罩着上海。上海英法租界巡捕房下令通缉瞿秋白，并且搜查了他的住所和上海大学。巡捕房没有捉到他，却把他在莫斯科辛苦搜集的大量俄文书刊统统烧毁。

就在这期间杨之华走进了瞿秋白的生命之中。

杨之华，1901年出生于浙江萧山，是家道中落的绅士门第小姐，当地出名的美人，曾就读于杭州女子师范学校。20岁时，她和浙江有名的开明士绅沈玄庐的儿子沈剑龙相爱成婚。沈剑龙喜欢诗词、音乐，但他和朋友一起到上海后，情感发生了变化。此时，杨之华已生下一女，便是"独伊"，意即只生你一个，可见杨之华心中的怨愤。

1922年杨之华只身到上海，参加妇女运动，认识了向警予、王剑虹等人，并于1923年底被上海大学社会学系录取。

瞿秋白当时是社会学系的系主任，他风度翩翩，知识渊博，在师生中声望很高。杨之华第一次听瞿秋白的课，就对他留下了难以忘怀的印象。

杨之华学习努力，又是社会活动的积极分子，她早年投身上海的工人运动和妇女运动，1924年经瞿秋白介绍加入了中国共产党。两人在共同的革命生涯中，相互接触，相互理解，熟悉起来，并逐渐燃起了爱的火花。

当杨之华感觉到两人互有好感时，内心充满了矛盾。于是她选择回避，跑回了萧山母亲家。面对人生的重大抉择，瞿秋白也苦苦地思索：既然沈剑龙已经背叛了杨之华，为什么我不能去爱？既然我真心地爱她，为什么不敢表示？于是趁放暑假的机会，瞿秋白大胆来到了萧山杨家。

当时沈剑龙也在杨家。不承想，沈剑龙竟然和瞿秋白一见如故，对瞿秋白的人品与才华十分敬佩、仰慕。面对复杂的感情问题，他们三人开始了一场奇特的"谈判"。先在杨家谈了两天，然后沈剑龙把瞿秋白、杨之华接到沈家去谈，各自推心置腹，互诉衷肠，又谈了两天。最后，瞿秋白又把沈剑龙和杨之华接到常州瞿家再谈。当时瞿家早已破落，家徒四壁，连把椅子都没有，三个人就坐在一条破棉絮上谈心。谈判结果是在上海《民国日报》上连续刊登三条启事：一是沈剑龙与杨之华离婚启事，二是瞿秋白与杨之华结婚启事，三是瞿秋白与沈剑龙结为好友启事。

1924年11月7日，瞿秋白和杨之华在上海举行了结婚仪式，沈剑龙亲临祝贺。从此，瞿秋白和沈剑龙也成了好友，经常书信来往，写诗唱和。

有一次刻图章，瞿秋白对杨之华说："我一定要把'秋白之华''秋之白华'和'白华之秋'刻成3枚图章，以示你中有我，我中有你，无你无我，永不分离。"为了纪念他们的结合，瞿秋白还在一枚金别针上亲自刻上"赠我生命的伴侣"7个字，送给杨之华。这一爱情信物，后来伴随杨之华度过风风雨雨几十年。

1925年1月，中国共产党第四次全国代表大会在上海召开。大会通过了《对于民族革命运动之议决案》等11个决议案，第一次明确提出了无产阶级在民主革命中的领导权和工农联盟问题。瞿秋白在大会上当选中央执行委员会委员，并与陈独秀、张国焘、彭述之、蔡和森组成5人中央局。会后，在共产党的领导下，全国各地群众运动如星火燎原，迅速蔓延。

1925年3月12日，孙中山先生因患肝癌在北京逝世。

2月至4月，上海、青岛的日本纱厂工人在中国共产党领导下，先后组织数万工人举行大规模罢工斗争，取得了重大胜利，同时也遭到日本帝国主义和北洋军阀的镇压。

5月15日，上海日本纱厂工人为抗议日本资方无理开除工人再度罢工，日本资本家开枪打死工人、共产党员顾正红，打伤10余名工人，激起上海工人、学生和市民的强烈愤怒，成为五卅运动的导火索。

5月28日，中共中央根据运动发展形势，决定进一步动员群众开展反对帝国主义的政治斗争。

5月30日，上海学生联合会分派多队在租界内游行讲演，2000多名学生上街宣传，声援工人斗争。当天下午，一部分学生在南京路被捕，其余学生及群众千余人，随行至捕房门口，要求释放被捕者。英捕头爱伏生下令开枪射击，当场打死群众10余人，重伤数十人。租界当局调集军队，宣布戒严，任意枪击，上海的大学校园遭封闭，这就是震惊中外的"五卅惨案"。惨案发生后全国震动,北京及全国各大城市学生第二天起便先后罢课,反帝国主义的示威运动风起云涌,民意沸腾。

当夜,瞿秋白同陈独秀、蔡和森、李立三、恽代英、刘少奇等中共中央领导立即召开紧急会议,决定由蔡和森、瞿秋白、李立三、刘少奇等组成行动委员会领导这次斗争,发布总同盟罢工宣言,扩大斗争规模,号召上海人民举行罢工、罢课、罢市,以抗议英帝国主义的大屠杀。

6月4日,瞿秋白负责主编出版了我党第一张日报《热血日报》,揭露帝国主义和反动势力的罪行,批判各种卖国行径,报道上海和全国人民反帝斗争的消息。

在五卅运动中,中国共产党显示出了杰出的领导和组织能力,使资产阶级反动派和国民党右翼势力感到恐惧。1925年8月20日,他们公然在广州国民党中央党部门前刺杀了坚持孙中山三大政策的国民党左派领袖廖仲恺;与此同时,竭力反对孙中山的三大政策,而反对中国共产党的戴季陶主义,也相应出笼了。

戴季陶(1891~1949),名传贤,字季陶,笔名天仇。原籍浙江湖州,生于四川广汉,中国国民党元老,国民党理论宣传家,中国近代史上重要的政治人物。早年留学日本,加入同盟会。辛亥革命后追随孙中山,参加了二次革命和护法战争。五四期间,思想激进,也是中国马克思主义最早的研究者之一。曾先后担任黄埔军校政治部主任、国立中山大学校长、国民党中央宣传部部长、考试院院长、国史馆馆长等职。

1925年孙中山先生逝世后,戴季陶先后发表了《孙文主义之哲学基础》和《国民革命与中国国民党》两本小册子,歪曲孙中山学说的革命内容,反对中国共产党和工农运动,形成了所谓戴季陶主义。

孙中山所倡导的民主革命纲领是由民族主义、民权主义和民生主义构成,简称"三民主义",是中国国民党信奉的基本纲领,是中国人民的宝贵精神遗产。

戴季陶则歪曲孙中山学说，认为三民主义源于中庸之道，置三民主义于封建思想中；宣扬"仁爱是人类的生性"，反对阶级斗争；鼓吹政党的"独占性""排它性"，要求参加国民党的共产党员脱离原来政党，"作单纯的国民党员"；主张建立"三民主义的民国"。戴季陶主义为大革命时期国民党新右派篡夺革命领导权，发动反革命政变作了舆论准备。

戴季陶的两本小册子出版后，瞿秋白用了一个晚上，写了1万多字的论文《中国国民革命与戴季陶主义》，文章揭露了戴季陶的反动观点，揭穿了其攻击马克思主义和中国共产党、攻击阶级斗争和工农运动、攻击革命统一战线、分裂国共合作的真面目，击中了戴季陶及国民党新右派的要害。

据不完全统计，仅北京、广州、汉口等地，宣传戴季陶主义的两本小册子，被群众自发烧毁的就有数万册。戴季陶一伙在共产党人及国民党左派的反击下，不得不暂时有所收敛。

1926春瞿秋白病重住院，抱病写了《俄国资产阶级革命与农民问题》一书，为中国革命提供历史借鉴和理论指导。

1926年3月20日，爆发了"中山舰事件"。蒋介石要求第一军中的共产党员要么退出国民党和第一军，要么退出共产党。当时已经公开身份的共产党员被迫退出了国民党和第一军。

1926年4月，瞿秋白在《中国革命中之武装斗争问题》一文中指出："武装暴动在城市里反抗军警比较不能时常进行，必须要等待相当的时机；在乡村里反对土豪军阀，却可以自筑堡垒，以逸待劳。"

瞿秋白在该文中明确指出："我们以为现在有详细讨论革命斗争的方式之必要；我们应当指出各种方式的必要和应用，尤其在这一时期，革命战争是主要的方式，其他方式都应当应用，直接的或间接的做革命战争的准备。""现时革命运动的中心问题已经是实行准备革命战争、求于最短时期间推翻中国现在的统治，帝国主义在中国的政治统治军阀制度。"

瞿秋白以其对中国国情的深刻分析，实际上从地域方面探索了建立农村革命根据地的可能性。从对农民政权与土地革命的关系的分析中，也许更能明确说明瞿秋白是确实具有了建立农村革命根据地的思想。

1926年8月间，瞿秋白前往毛泽东主办的第六届广州农民运动讲习所讲课，在题为国民革命中的农民问题的演讲中，他明确提出了，中国革命成败的关键，就在于能否解决农民土地的问题。

农民问题是中国革命最重要的问题之一，在这个问题上，中国共产党人的认识是有差别的。瞿秋白是最早认识农民问题重要性的领导人之一，他在1925年就比较明确地阐述了农民问题的重要性，即必须依靠农民，团结农民，认为没有农民参加中国革命就不能胜利。

瞿秋白的这些主张与毛泽东关于农民运动的主张是一致的。

1927年3月中旬，上海工人第三次武装暴动前夕，瞿秋白奉命前往武汉，参与指导中共第五次代表大会的筹备工作。此前，毛泽东的《湖南农民运动考察报告》，曾经在《向导》上发表了一部分，还没刊载完毕，便终止了连载。瞿秋白看到这份报告，大加赞赏，亲自主持出版了单行本，取名为《湖南农民革命》并写了序言。他在序言中写道："中国革命家都要代表三万万九千万农民说话做事，到战线去奋斗，毛泽东不过开始罢了。中国的革命者个个都应当读一读毛泽东的这本书。"他指出："农民的生活便是土地。农民没有土地，便是如鱼失水。""农民要这些政权和土地，他们是要动手，一动手自然便要侵犯神圣的绅士先生和私有财产。他们实在'无分可过'。"

1927年3月，帝国主义借口外国领事和外侨生命财产受到损害，命令停泊在下关的英美军舰对南京市内的北伐军和市民开炮轰击，制造了中国军民死伤2000余人的南京惨案。

1927年4月，挥师北伐到南京的蒋介石决定"清党"。12日，蒋介石在上海公开发动了四一二反革命政变，疯狂捕杀共产党人和革命群众，仅三天之内，就有300多人被杀害，500多人被捕，5000多人失踪。蒋介石背叛革命后，4月15日，李济深、钱大钧、古应芬等在广州发动了四一五反革命政变，逮捕并杀害共产党员和工人积极分子邓培、萧楚女、熊雄、李启汉等2000余人。1927年5月21日，反动军官何键、许克祥在长沙发动反革命政变，即马日事变，捕杀共产党员和革命群众100余人。

这时，以陈独秀为代表的右倾投降主义在党内占据了统治地位，他们放弃革命领导权，压制工农运动，对国民党右派反革命活动采取妥协退让政策，拒绝党内的一切正确意见，对国民党不但不加戒备，反而还命令武汉工人纠察队将武器交给汪精卫的武汉政府。

7月15日，汪精卫在武汉召开国民党中央常务委员会扩大会议，公开宣布与共产党决裂，随即对共产党员和革命群众实行大屠杀，还提出了"宁可错杀一千，不可放过一个"的血腥口号。在七一五反革命政变中，大批共产党员和工农群众遭到杀害。至此，第一次国内革命战争遭到失败，第一次国共合作破裂，从此开始了国共两党长达10年的战争。

国民党的反革命活动使共产党党员人数从近6万人，锐减到1万多人；更严重的问题是党内的思想混乱，在敌我力量相差悬殊的情况下，究竟下一步该怎么办，很多人不清楚，看不到前途，也看不到出路。

国民党的大开杀戒，是指望能将共产党人杀光；即便杀不光，也让那些幸存者胆寒心惊，从此脱尽红色。但这实在是小看了共产党人。面对国民党的屠杀，共产党人决定奋起反抗。

1927年4月27日，中国共产党第五次全国代表大会在武昌第一小学礼堂召开，陈独秀在会上作了令人失望的政治报告，为自己的右倾错误进行辩护，却未能提出挽救时局的方针政策。

中国共产党急需总结大革命失败的经验教训，确定新的方针和政策。

第二天瞿秋白在会上散发了自己会前写的《中国革命中之争论问题》一文，着重论述了无产阶级和资产阶级争夺领导权问题，尖锐地批评了陈独秀右倾投降主义错误。

这次会议，瞿秋白当选为中央政治局委员。

瞿秋白在1927年5月写的《农民政权与土地革命》一文中指出：

"所以要推翻帝国主义军阀对于中国的统治和剥削，便必须彻底改变现存的土地制度，为此，亦就更加要彻底扫除封建宗法式的土豪劣绅在农村中的政权，必定要农民得有享用土地的权利"，换句话说，便是中国国民革命应当以土地革命为中心，"中国没有土地革命，便决不能铲除帝国主义军阀之统治和剥削的根基"。瞿秋白深刻认识到了进行土地革命的极其必要性。

而土地革命的伟大意义何在？瞿秋白认为："所以农民很明白的提出没收大地主田地的要求，只有这样，才能铲除反动军阀及蒋介石的经济；只有这样，农民参加革命才有真正的意义。中国无产阶级必定要领导农民去彻底发展这种斗争，因为这种斗争方能建筑革命的国民政府之巩固的基础。"

瞿秋白上述的这些论述反映出他已深刻认识到了土地革命与中国革命的关系，土地革命是中国民主革命的基本任务和主要内容。随之，共产党所确定的土地革命的方针及后来的实践证明，瞿秋白关于土地革命的思想是正确的。瞿秋白早在毛泽东思想萌芽时期就提出关于土地革命的思想，这也是具有理论的开拓性意义的。

1927年7月12日，共产国际指示改组中共中央领导，陈独秀被停职，由张国焘、李维汉、周恩来、李立三、张太雷组成临时中央常务委员会。

7月13日，瞿秋白和鲍罗廷秘密前往庐山，一是商讨中共中央的领导改组问题，一是计划武装暴动。下旬瞿秋白回到武汉，参加了7月25日召开的中央常委扩大会议，讨论同意了在南昌组织实施武装暴动的提案。

8月1日，南昌起义打响了武装反抗国民党反动派的第一枪，揭开了中国共产党独立领导武装斗争和创建革命军队的序幕。

党中央根据共产国际的指示，决定召开紧急会议。1927年8月7日的武汉，天气特别闷热。这天早晨，一群30岁左右的青年，陆陆续续地向闹中取静的汉口俄租界三教街41号走去，出席会议的代表虽然只有22人，但因环境险恶，由秘密交通员将代表一个一个带入会场；代表入场后，不再外出，一日三餐以干粮充饥，夜晚就席地而卧。

会议由瞿秋白主持，李维汉任主席，新来到的共产国际代表罗明纳兹出席会议。会议首先由共产国际代表罗明纳兹作报告，由瞿秋白翻译。接着毛泽东、邓中夏、蔡和森等相继发言。会上瞿秋白代表中央常委会就党的任务和工作方向问题作了报告，他指出，土地革命已到了最高点，农民要求暴动，中国共产党必须燃着这爆发的火线，以自己的军队来发展土地革命。

会议通过的《最近农民斗争的议决案》指出："共产党现时最主要的任务是有系统地有计划地尽可能地在广大区域中准备农民的总暴动，利用今年秋收时期农村中阶级斗争剧烈的关键"，来发动和组织农民举行秋收暴动。会议要求中央党、团机关"应当在极短期间调最积极的、坚强的、革命性稳定的、有斗争经验的同志尽量分配到各主要的省份做农民暴动的组织者"。

会议通过的《最近职工运动议决案》指出：要"注意于武装工人及其暴动巷战等军事训练，即刻准备能响应乡村农民的暴动，而推翻反革命的政权"；"工人阶级应时刻的准备能领导并参加武装暴动。以乡村农民之胜利为依据，推翻反革命政权，而建立革命平民的民权的城市政府"。

会议通过并决定在湘、鄂、赣、粤等省发动秋收暴动。随后，国内爆发了一百多次起义，为建立红军和红色根据地奠定了重要基础。

在这次会议上，正式撤销了陈独秀的总书记职务，瞿秋白、苏兆征、李维汉当选为临时中央政治局常委，并决定由瞿秋白主持中央工作。继陈独秀之后，瞿秋白成为中国共产党第二任最高领导人，这一年他只有28岁。

八七会议总结了大革命失败的经验教训，彻底结束了陈独秀的右倾投降主义在中央的统治，确定了土地革命和武装反抗国民党反动派的总方针，在中国革命的紧急关头及时为全党指明了斗争方向，对动员和鼓舞全党和全国人民继续坚持革命斗争起了重大作用。

自1927年夏至1928年春，亲眼目睹俄国革命成功的瞿秋白决定发动多场红色暴动。瞿秋白领导全党先后在全国十几个省和地区举行了南昌起义、秋收起义、广州起义等武装暴动，吹响了武装反抗国民党的号角，把中国革命推向了土地革命的新阶段。

八七会议之后，党内"左"倾情绪不断增长，在"左"倾错误方针的指导下，以瞿秋白为首的中共中央的主要工作都是围绕实现全国总暴动来进行的。11月在上海召开的临时中央政治局扩大会议发展了八七会议以来"左"的情绪，形成"左"倾盲动错误。12月广州起义的失败使瞿秋白等中央领导人有所觉悟。瞿秋白在1928年3、4月间的临时常委会上作了自我批评，在实践中基本结束了全国范围内的"左"倾盲动错误。

1927年大革命失败后，国内白色恐怖严重。考虑到1928年春夏间，赤色职工国际四大、共产国际六大和少共国际五大相继在莫斯科召开，中共中央也迫切希望得到共产国际的指导，于是决定中共六大在莫斯科召开。

1928年5月中旬，瞿秋白抵达莫斯科。

1928年6月18日，中国共产党第六次全国代表大会在莫斯科郊外五一村一栋三层小楼里召开，瞿秋白代表第五届中央委员会致开幕词，并作了政治报告。他在报告中批评了陈独秀右倾投降主义错误；同时，对于"左"倾盲动主义的错误，进行了自我批评。六届一中全会选举苏兆征、向忠发、项英、周恩来、蔡和森为中央政治局常委，向忠发为党中央主席，瞿秋白当选为中央政治局委员。

中共六大结束后，瞿秋白留在莫斯科，担任中共驻共产国际代表团团长，成员有张国焘、邓中夏和王若飞等。

1928年7月17日至9月1日，共产国际在莫斯科召开第六次代表大会。瞿秋白和周恩来、苏兆征、张国焘等出席了这次会议，瞿秋白和苏兆征被选为大会主席团成员，又和苏兆征、张国焘一起参加纲领起草委员会。瞿秋白是中共代表中的重要发言人，大会指定他担任民族殖民地革命运动问题的三位补充报告人之一。在共产国际六大上，瞿秋白当选为共产国际执行委员会委员，在执委会上又当选为共产国际主席团委员，并担任书记处成员。

瞿秋白4月底离开上海后不久，杨之华也带着7岁的女儿瞿独伊到了莫斯科。杨之华参加了中共六大，并在大会的妇女委员会、农民土地委员会中工作；她还出席了共产国际六大。9月，她和瞿秋白一道随各国代表到苏联南方地区参观。

瞿秋白经过两次大会的紧张工作，身体极度虚弱，夜间有时在睡梦中从床上跌落到地板上，但白天仍然支撑着努力工作；即使在南方之行的旅途中，他仍然反复考虑如何贯彻党的第六次代表大会的精神。

大约在11月间，斯大林约瞿秋白、张国焘会谈中国革命问题。斯大林关切地询问他们在莫斯科的生活情况，了解中国国内的斗争形势。瞿秋白向斯大林报告了共产国际东方部最近讨论中国问题的要点，并说明了他个人的见解，请斯大林给以指示。斯大林说："中国共产党的布尔什维克化，首先应学习马克思列宁主义。"

1929年8月，一个不幸的消息传来，彭湃、杨殷等同志被捕；9月下旬，彭、杨被杀害的噩耗传到莫斯科。瞿秋白怀着对敌人的无比仇恨，对同志的无限悼念，在深夜写了《纪念彭湃同志》一文，发表在苏联《真理报》上；后来，他又修改了这篇文章，与彭湃的《海丰农民运动》合在一起，出版了小册子。

1929年秋天，瞿秋白从莫斯科去德国，出席在法兰克福举行的国际反帝同盟大会，并发表演说，呼吁世界和平，反对帝国主义侵略战争。

在莫斯科期间，瞿秋白还主持处理了"江浙同乡会"事件，经历了中山大学风潮。

莫斯科中山大学是1925年10月由苏联出资创办、为国共两党培养青年干部和人才的学校。中山大学风潮，始于1927年夏。学年总结时，发生了所谓教务派学生和支持党支部局的学生之间的分歧。当时，共产国际代表米夫刚从中国回来，接任中山大学校长。他利用王明在学生中培植拥护自己的力量，支持支部局派，压制教务派。大多数同学对王明依仗米夫的势力专门打击同学的做法表示不满和反感；而王明等人支持米夫，在学生中很孤立。他们捏造谣言，迫害持不同意见的同学，说校内有一个由俞秀松等参加协助教务处工作的学生组织的"江浙同乡会"，进行反革命活动。

这时，向忠发在出席赤色职工国际第四次代表大会和中共六大后，留在赤色职工国际工作。米夫和王明就请向忠发到中大作报告。向忠发偏听偏信，根本不做调查便在大会上说，"江浙同乡会"是"反党小组织"，"他们的组织在党内秘密活动，有中央的组织，亦有各地支部的组织"；"他们与蒋介石有勾结，受蒋介石的经济帮助，还听说与日本领事馆有勾结"；"他们以后的出路不外：一、公开的反革命，投向蒋介石来屠杀工农；二、走到小资产阶级反动政党（如第三党）里去；三、留在党内捣乱破坏。" 因此，必须"消灭其组织"，"对组织中领袖和中心人物予以严厉的制裁"，对积极分子应"开除党籍或留党察看"。向忠发在中山大学演讲，威胁说要枪毙一些人，事后便有学生被捕或被开除。

中大江浙籍学员人人自危，富有正义感的学生们纷纷向中共驻共产国际代表团反映情况，瞿秋白认真听取了他们的意见。当时还在莫斯科的周恩来经过调查，认为不存在 "江浙同乡会"。瞿秋白又派邓中夏去调查，与校方发生了争执。米夫和由他操纵的、由王明等人组成的支部局，居然不许中共代表团过问这件事，并极力阻碍调查。经过详细的调查分析，瞿秋白了解到，米夫和王明所宣传的中山大学存在"非常剧烈的斗争"，实际上是一场没有意义的"内斗"。1928年8月15日，中共代表团写信给苏联共产党中央政治局，表示对苏联当局处理此事的不同意见；同时写信给党中央，指出一些江浙籍同学，对某些问题意见一致，并非罪过，不能说他们就是有组织的派别活动。1928年秋，经共产国际监察委员会、联共中央监察委员会和中共代表团联合组成审查委员会审理，作出并不存在"江浙同乡会"反动组织的结论。约在此时，瞿秋白向共产国际书记处书记兼东方部部长库西宁提出撤换米夫的东方部副部长职务的建议。米夫得知后，大大加深了与中共代表团的隔阂，对瞿秋白更加不满和怨恨。

1929年4月，瞿秋白写了《清校问题》的长篇报告，明确指出："我们向来不赞成支部局的那些政治上的错误。""支部局不但不改正他们的政治错误，反而利用托派的挑拨手段，客观上无论如何不能不是助长派别纠纷——扩大学校中的派别纠纷到中国党里去，锢定一部分学生对同志及对中国党中央委员会的派别成见，想藉此把中大不能保证（培养）布尔塞维克干部的糟糕情形的责任推卸到中国党的代表团身上，这是我们要提出极端严重的抗议，正式提到国际监察委员会的。"

夏天，中山大学举行学年总结大会，多数学生反对支部局。瞿秋白发表讲演支持多数学生，反对无原则的斗争，批评支部局的错误领导。苏联共产党发动反对布哈林的右倾清党运动后，中山大学掀起了一场更大的风潮，瞿秋白被视为以右倾路线与共产国际相抗衡。米夫与支持他的人捏造材料，召开大会，集中攻击瞿秋白。米夫派和与会的苏联党内、共产国际的一些代表支持这种攻击。最后，凡是反对支部局的学生，除了少数几个工人以外，都分别受到开除党籍、开除团籍、开除学籍，送到西伯利亚做苦工等处分。瞿秋白的三弟、中山大学学生瞿景白，一气之下，把党证退给联共区党委，就在这一天，他"失踪"了，这对瞿秋白感情上是一个沉重打击；在中山大学特别班学习的杨之华，也因为反对米夫派，受到严重处分，被送到工厂劳改。

联共中央和共产国际，这时一致肯定中山大学支部局的政治路线，谴责"反对派"，批评中共代表团，认为瞿秋白应该对中山大学"反党小组织"事件负主要责任。1930年春，米夫召集瞿秋白、邓中夏、张国焘等中共代表到他的办公室，板起面孔，宣读《共产国际政治委员会因中大派别斗争关于中共代表团行动问题决议案》。决议指责中共代表团的多数人领导了派别的活动，未与托派进行充分的斗争；宣布共产国际执委会以坚决态度谴责中共代表团，并请中共中央以必要限度更新代表团的成分，并与共产国际商定新的成员。这样，瞿秋白便被解除了中共驻共产国际代表的职务。

李立三在中共六大上当选为政治局常委会候补委员，进入中央领导核心。此时，中共中央总书记是工人出身的向忠发，就其个人水平和能力，难以担当如此重任，实际上并未起到党的主要领导人的作用。1928年11月，李立三被补选为中央政治局常委，实际成为中共中央负责人。

中共六大在莫斯科召开时，瞿秋白坦诚地承认了"左"倾错误；党内多数同志也在批评"左"倾错误的同时，接受了教育，端正了对中国革命的认识。李立三却无视"左"倾错误的教训，仍然拒绝承认中国革命处于低潮。李立三所挑起的这场争论，惊动了斯大林。在中共六大会前，斯大林会见了中共中央领导人瞿秋白、苏兆征、周恩来、邓中夏、李立三等，请他们介绍中国革命斗争的形势和任务，并对中国革命问题发表了意见；在大会进行中，斯大林还会见过大会主席团的中国同志。对于中国革命的形势，斯大林认为处于两个高潮之间，即革命处于低潮而不是高潮，但正在走向高潮。李立三认为，中国各地都在不断发生工人、农民的斗争，革命形势是好的。斯大林不赞成这种乐观的估计，他用红蓝铅笔在纸上画了几条曲线，然后又在曲线的最低点画了几点浪花，解释说，即使是革命处于低潮，也会溅起几朵小小的浪花，切莫把这些浪花看成是高潮。这个生动和贴切的比喻，得到了多数与会者的同意和认可。

回国后，李立三把斯大林的话置之脑后，开始酝酿他的中国革命高潮期到来的理论和实践。1930年1月，他在中共中央机关刊物《布尔塞维克》上发表《中国共产党接受共产国际第十次会议决议的决议》，其中说，党内"右倾的危险，仍然是党的最严重的问题"；并警告说，"且目前右倾危险，是有它的客观的强大的基础"。在他的反右倾、反调和的高调之下，大胆的冒险计划，已在积极酝酿之中。

李立三的理想是狂热的，这就必然导致在领导中国革命时的急性病。6月11日，中共中央政治局通过李立三起草的《新的革命高潮与一省或几省首先胜利》的决议。至此，李立三"左"倾错误正式形成，在中央占据了统治地位，并将轰轰烈烈地推行了。

这个决议要将中国革命作为世界革命的火车头："中国革命有首先爆发、掀起全世界的大革命，全世界最后的阶级决战到来的可能……在这一最后的决战当中，可以取得我们的完全胜利。"决议提出："在革命急剧地发展，伟大的革命巨潮已经接近的现在，党不只是要注意到争取广大群众、组织广大群众的斗争，以促进这一革命巨潮更快的爆发；尤其要注意到革命巨潮爆发时，组织全国武装暴动夺取政权的任务。""现在党必须坚决提出反帝国主义，反国民党，特别是反军阀战争的口号，组织同盟罢工以至总同盟罢工，组织地方暴动，组织兵士暴动，号召红军积极进攻，以实现变军阀战争为消灭军阀战争的总路线。""在新的革命高潮日益接近的形势之下，准备一省与几省的首先胜利，建立全国革命政权，成为目前战略的总方针。""对于这一形势认识的错误，成为取消思想与一切右倾思想最主要的根源。""执行这一总路线的最大的障碍，便是与这一总路线绝对不相容的右倾观念。党必须坚决地与各方面的、一切动摇的右倾观念，特别是尾巴主义的倾向斗争，是执行这一总路线的前提……不克服一切右倾的思想，党的路线与策略决不能有充分的执行。"

当这个决议送到莫斯科时，瞿秋白大为惊讶。这个"左"倾的冒险计划，当时在国内就遭到何孟雄、林育南等同志的反对，而此时的李立三，眼中所见的是中国革命的全面胜利，乃至世界革命的全面到来，怎容得别人的不同意见。他压制不同意见，对何孟雄、林育南等不恰当地使用纪律手段，把他们当作右派给予处分。

在党内讨论六月决议时，共产国际远东局驻中共代表罗伯特表态，反对这一冒险计划。这可惹恼了李立三，他立即致电远东局，以中央的名义要求调走罗伯特，甚至要求改组共产国际远东局。由于遭到党内多数同志的反对，他竟然又以中共中央的名义给斯大林写信，要求批准他的中国革命计划。

斯大林指示共产国际批评了李立三的"左"倾盲动路线，指出这会带来极其严重的后果。但李立三竟然在共产国际没有明确表态的情况下，擅自部署武汉、南京和上海的总暴动。他还异想天开，要求"苏联必须积极准备战争"，"蒙古在中国暴动胜利时，应在政治上立即发表宣言，与中国苏维埃政权联合，承认蒙古是中国苏维埃联邦之一，紧接着大批出兵进攻北方"，"西伯利亚十万工人迅速武装起来，加紧政治教育，准备与日本帝国主义的作战，从蒙古出来，联合中国，向敌人进攻"。

李立三明知这样做是违反共产国际纪律的，却不以为然地说，共产国际不了解中国革命发展趋势，忠实于共产国际、遵守纪律是一回事，忠实于中国革命又是一回事；还说，在占领武汉之后，再用另一种方式和共产国际说话。

李立三的暴动计划一开始便严重受挫，红军在攻打武汉时，部队16000人损失了15000人，丢失了洪湖根据地。中共地下组织相继被敌人破坏，白区党的工作，遭受前所未有的损失。"立三路线"尽管时间短，但因其推行之雷厉风行，所造成的后果是灾难性的。

中国革命出现新的危机，值此生死攸关的时候，共产国际不得不先后派出周恩来、瞿秋白回国处理和解决李立三的"左"倾冒险主义错误。

1930年8月26日，瞿秋白和妻子杨之华从苏联回到上海。

1930年9月24日至28日，瞿秋白在上海主持中共六届三中全会。李立三在血的教训面前，不得不承认了错误。瞿秋白作了总结，即《三中全会政治讨论的结论》，这份由瞿秋白起草的文件，首先表示同意共产国际的决议，指出李立三把"中国革命发展的速度估量得过分了"，"又把敌人的力量估计太低了"。李立三的错误在于，对中国革命形势判断上发生了偏差，即"最近三个月来的估量是不切实，因此策略上、工作布置上也就发生不正确的地方"。

中共六届三中全会终止了"立三路线"的发展，基本上结束了"立三路线"在全党的统治，将革命从盲动和冒险中拯救出来。中央决定中止组织全国总起义和集中红军攻打大城市的计划，取消总行动委员会，恢复党团工会。在瞿秋白的主持下，中央作出两个决议，即《对于中央政治局报告的决议》和《关于政治状况和党的总任务议决案》，表示完全接受共产国际的七月决议，指出"立三路线"是策略上的错误，也就是表现在"积极准备武装暴动的任务，没有能够充分地和争取群众的任务密切联系起来"。

在处理李立三所犯的错误时，瞿秋白只是要求李立三作了检讨，而对追随"立三路线"的干部没有追究，就是在组织调整时，也是基本维持原先的中央政治局，包括李立三在内，仍然保留其政治局委员职务，中央政治局常委由向忠发、周恩来和瞿秋白担任，瞿秋白成为中央的实际负责人。

瞿秋白是对事不对人，纠正了李立三的一些具体错误，而不把李立三一棍子打死，这种做法却不能为共产国际所理解。因为，在他们看来，李立三不听斯大林和共产国际的话，就不仅是策略上的错误，而是政治路线的背离。可是，瞿秋白所纠正的仅仅是李立三的策略错误，而不是共产国际所希望的"集中火力反右倾"，于是，他便注定要招惹来政治麻烦。

1930年11月，中共中央收到共产国际的来信。信中指出，李立三不仅是策略上的错误，而是与共产国际路线对立的根本不同的政治路线，并且明确指出三中全会犯了"调和主义"的错误。

接到共产国际来信，瞿秋白立即找李立三谈话，传达共产国际的指示，告诉他，共产国际已不仅仅认为他犯了策略上的错误，"而是形成了一整套错误观点，制定了一条反马克思主义、反列宁主义的方针"，是原则性的错误，是路线性的错误。

王明通过不正常的途径，先于中共中央知道共产国际来信的精神。他立即按照共产国际决议的口径，修改他的纲领性文件《为中共更加布尔塞维克化而斗争》，全文六章，其中第五、第六两章几乎都是专门批判瞿秋白。文章颠倒黑白，罗织罪名，就是要将瞿秋白在政治上打倒。文章说，"维它（瞿秋白的化名）同志等在三中全会上，对于'立三路线'采取了调和、投降态度",而三中全会后又在"实际上继续着'立三路线'"。

王明跃跃欲试,急不可耐,甚至公开地赶瞿秋白下台,说:"现有中央政治局领导同志维它等不能解决目前革命紧急任务,不能领导全党工作。"应"由国际负责帮助成立临时的中央的领导机关",至少要"对政治局的成分应有相当的态度"。王明欲取而代之的想法,溢于字里行间。

瞿秋白本着与人为善的态度,对李立三就错误而言错误,一点儿也不夹杂个人的情绪,他甚至以推己及人的态度,为李立三开脱说:"假定六大之后,留在中国直接领导的不是立三而是我,那么,在实际上我也会走到这样的错误路线,不过不至于像立三这样鲁莽,也可以说,不会有立三那样的勇气。我当然间接地负着立三路线的责任。"

三中全会后,李立三奉召去苏联学习。12月初,共产国际东方部在听取李立三的检查后,形成《关于中共中央三中全会和李立三同志的错误的报告》,全盘否定三中全会,给三中全会定了7条原则错误,甚至说,三中全会的领导机关表现出"不健全的两面三刀的空气"。共产国际执委会主席团会议的7名委员,众口一词地批评三中全会,给瞿秋白加的罪名是"领导了'中大'小团体纠纷","无原则地领导了三中全会","以两面派的态度对待共产国际"等,把矛头对准了瞿秋白。

同时,共产国际主席团大肆吹捧王明等人,称赞他们"知道列宁主义布尔塞维克的理论和实际",是"为国际路线而斗争"的"很好的同志";他们之所以"不能够做到领导工作",主要是"小团体利益妨碍他们加入领导机关"。1930年底,米夫以共产国际代表团团长身份来到中国,全力扶持王明等人。

共产国际负责人曼努伊尔斯基在关于中国问题的会议上有针对性地说:"两面派是现在最大的仇敌。"他希望"立三同志要帮助揭破这个痛疮,揭破这种小团体的情形,破坏中国共产党的小团体状态"。谁是两面派,谁又在搞小团体?显而易见,曼努伊尔斯基批评的就是瞿秋白。

瞿秋白的"调和主义"，也就是说在处理"立三路线"的错误时，没有按照共产国际即苏共党内斗争的模式，将李立三的错误升格为"右倾机会主义"或别的什么反动路线，没有对李立三本人进行残酷斗争、无情打击，这样做换来的是将斗争的矛头引向了自己。

背着"调和主义""小团体的代表"和"两面派"的罪名，瞿秋白不可能再担任中共中央负责人。1931年1月7日，在米夫的策划和主持下，中共六届四中全会在上海召开，会议集中批评"立三路线"，批评三中全会的"调和路线"。而此时李立三在莫斯科，只有瞿秋白受到会议的无情批判。会议撤销李立三、瞿秋白的中央政治局委员职务，根据米夫的意见，将王明选为中央政治局委员、书记处书记，推至中共中央领导核心。

中共六届四中全会后，对瞿秋白的"清算"远没有结束，米夫和王明把持的中共中央政治局，对他担任中共驻共产国际代表期间的问题作出决议，指责他以派别行动对王明等人压迫，对共产国际"清党"动摇，对共产国际代表极不尊重等一顶顶帽子向瞿秋白压来，他欲辩不能，失去话语权，只能接受所有的指责，承认自己的错误是"非常严重的"，是"懦怯的腐朽的机会主义"，甚至违心地承认自己陷入了"派别斗争的泥坑"。

四、花落知春残

　　为了在政治上让瞿秋白出局，米夫对他进行无情的批判和迫害。在中共六届四中全会上，米夫扶持王明一伙上台，瞿秋白成为"残酷斗争，无情打击"的对象。尽管瞿秋白在会上作了"诚恳"的"自我批评"，并主动承担此前六届三中全会和政治局所犯的"错误"，但王明等人仍毫不留情地将瞿秋白逐出了中央政治局。他们对瞿秋白穷追猛打，欲彻底批倒批臭，两次强迫身患肺病的瞿秋白写声明书，公开承认强加给他的种种罪名。

　　面对这样过火的处理，生性坦诚的瞿秋白依然忍辱负重，甚至深为自己不能看出"立三路线"危害之严重而感到内疚，他真诚地认为只有自己来承担责任才能在政治上起到教育作用。因此，他表示赞同共产国际远东局的处理意见，并检讨说：我的退出，绝不是自责似的退出，而是政治斗争的需要。他郑重地表示：这次调和主义的错误责任，在政治局里面，我是最主要的负责者。但是这种过分的自我批评，只能给新的中共中央以更多不信任他的口实，他也只好默默忍受，离开中共中央的领导层。

　　中共六届四中全会后，向忠发名义上还是中共中央政治局主席、中央政治局常委会主席，遭到批判的周恩来仍主持中央日常工作，跃升为中央政治局委员、书记处书记的王明则以共产国际支持的代言人自居，实际掌握了中央领导权。他把自己所写的《两条路线》（后改名《为中共更加布尔塞维克化而斗争》）的小册子作为纲领，并派莫斯科中山大学的志同道合者、一批所谓的"斗争干部""新生力量""改造和充实"党的各级领导机关和各地党组织，贯彻其"左"倾冒险主义和"左"倾教条主义，而一大批反对王明路线的党内同志遭到"残酷斗争，无情打击"，蒙受冤屈。

1931年6月，中共中央主席向忠发被捕叛变后，中共中央的工作都由王明主持，王明成为中共中央最高领导人。

陆定一说过，"反对王明路线，比反对其他错误路线更为困难，因为他们有米夫做靠山。当时党对共产国际迷信，以为共产国际相信的王明宗派一定是正确的，他们在马克思主义词句掩护下干错事，当时中国党的理论水平，还不能分辨马列词句中，有的不适合中国国情。王明一伙也反帝反封建反资产阶级，主张土地革命，很难看出他们对革命的危害"，所以王明路线，能在党内统治达4年之久。

1931年1月，瞿秋白离开了中央领导岗位。他请了长假休息，安心养病。

对瞿秋白来说，离开政治斗争的中心，从复杂繁重的领导岗位上下来，是一种轻松和解脱，他可以在别的岗位上为党工作。他一直醉心向往的文学园地，现在终于有时间和精力来耕耘了；从此，开始了他文学活动黄金般的辉煌时期。

瞿秋白夫妇这时每月仅能领到十六七元的生活费。带着病，他每天工作十几个小时以上。他心态平和，从不在朋友、同志和妻子面前诉说王明集团对他的打击，见过他的人，对他的安详、平静、潇洒和幽默，都感到意外。瞿秋白与杨之华双双隐蔽地在上海生活多年。两人相依为命，甘苦忧患共尝，并结识了鲁迅，成为挚友。瞿秋白沉浸在钟爱的文学创作与翻译工作之中，可谓度过了一生中一段安静美好的时光。

1923年春天，24岁的瞿秋白担任上海大学教务长兼社会学系主任，比瞿秋白年长3岁的茅盾任中文系兼课教员，讲授小说研究，那是他们初次相识。后来，作为中央委员的瞿秋白和担任中共上海区委执行委员、商务印书馆党支部书记的茅盾经常在一起开会交流工作。1924年冬，瞿秋白与杨之华结婚，正好住在茅盾家的隔壁，两家人来往密切，更加亲近了。

1931年4月下旬，茅盾到大西路两宜里来看望瞿秋白。茅盾这时正在写长篇小说《子夜》。几天后，茅盾带着《子夜》原稿与各章大纲，又来到瞿家。瞿秋白兴致极好。从13时到18时，瞿秋白边看原稿，边说他对这几章及全书大纲的意见。他们谈得最多的是农民暴动的一章，也谈到后来的工人罢工。茅盾的原稿写农民暴动没有提出土地革命；写工人运动，就大纲看，第三次罢工由赵伯韬挑动起来也不合理，把工人阶级的觉悟降低了。瞿秋白向茅盾详细地介绍了红军和各个苏区的发展情形，并解释中共政策的成败，建议他以此为根据来修改农民暴动一章，写成后面的有关农村及工人罢工的章节。本来，晚饭后还想接着谈下去。不料，饭刚吃完，瞿秋白便接到通知，说此地危险，必须赶快转移。茅盾夫妇邀请瞿秋白夫妇到他家中去暂住。他们让孩子睡地铺，把床让给瞿秋白夫妇。

瞿秋白在茅盾家住了十来天，与茅盾天天谈《子夜》，谈上海文艺界，谈左联的工作，两人总有说不完的话。对于《子夜》，瞿秋白建议茅盾将吴荪甫、赵伯韬两大集团最后握手言和的结局，改为一胜一败，这样更加突出工业资本家斗不过金融买办资本家，中国民族资本家是没有出路的。原稿写吴荪甫乘坐福特牌轿车，瞿秋白认为像吴荪甫那样的大资本家应当用更豪华的轿车，建议改为雪铁龙牌轿车；又说大资本家愤怒到极点而又绝望，就要破坏什么乃至兽性发作。以上各点，茅盾都照改了。只是有关农民暴动和红军活动，由于作者缺少这方面的生活体验，写出来恐怕概念化，无法照改。《子夜》出版后，瞿秋白发表《〈子夜〉与国货年》《读〈子夜〉》等评论文章，运用马克思主义文艺思想的观点，深入分析《子夜》的思想性和艺术性，热情地赞扬《子夜》是"中国第一部写实主义的成功的长篇小说"，同时也指出其中存在的不足。由于瞿秋白的评介，使《子夜》

在中国文坛上产生了重要而深远的影响。

在和茅盾的交往中，瞿秋白不时问起鲁迅。他对鲁迅景仰已久，至今未能见面。5月初，左联党团书记冯雪峰来到茅盾家。瞿秋白看了冯雪峰带来的《前哨》上刊登的鲁迅写的《中国无产阶级革命文学和前驱的血》，高兴地说："写得好，究竟是鲁迅。"冯雪峰和茅盾考虑到瞿秋白的安全，打算把他安排到四川北路鲁迅的寓所，但又觉得不是长久之计。最后由冯雪峰设法，在南市紫霞路68号谢旦如家，帮助瞿秋白夫妇找到了住房。

6月间，瞿秋白化名林祺祥住进谢家。谢家除谢旦如外，都不知道这对房客夫妇的真实姓名，平常就叫他们林先生、林家嫂嫂。谢家世代经商，藏书丰富。谢旦如小瞿秋白5岁，既是商人，又是文人，办过图书馆，开过小书店，专售左翼文艺书刊。瞿秋白和杨之华都喜欢谢家的藏书，杨之华有时整天在书房里看书。他们在谢家吃包饭。饭后茶余，瞿秋白有时和谢旦如谈天，有时给谢家孩子讲故事。两家关系很好。1932年淞沪抗战爆发，两家移居法租界毕勋路（今汾阳路）毕兴坊10号，谢家住二层，瞿家住三层。谢母去世，杨之华帮助料理丧事，办事利落，说话得体，待人亲切，谢家亲友交口称赞。五六个月后，他们又迁回紫霞路。

在这期间，瞿秋白通过和茅盾的交往，开始和左联发生联系，参与了左联的领导工作。1931年4月底，在茅盾家避难时，茅盾对他说：左联像政党，关门主义，不重视作家的创作活动。瞿秋白大致同意这个看法。5月，茅盾任左联行政书记。瞿秋白邀茅盾交谈，提议改进左联工作，再办一个文学刊物；要对五四运动以来的新文学运动，以及1928年以来的普罗文学运动进行研究总结，吸取经验教训。本来，鲁迅、冯雪峰和茅盾也早有办刊物的打算，经过研究，决定将已被查禁的《前哨》，从第二期起改名为《文学导报》，专登文艺理论文章；同时，创办大型文学刊物《北斗》，由丁玲主编。瞿秋白这时期写的文艺论著，多数发表在《文学导报》（终刊后又有《文学月报》）和《北斗》上。

　　左联成立于1930年3月，是第二次国内革命战争时期党领导的革命文艺团体。左联成立之初，纲领中已有"左"的倾向。由于受"左"倾盲动路线的影响，在行动上，要求作家参加飞行集会，到工厂中做鼓动工作等。1930年8月间，左联执委会通过决议《无产阶级文学运动新的情势及我们的任务》，不仅要求左联成员去参加飞行集会，而且根本不提作家的创作活动，对作家的创作热情和愿望扣以"作品主义"的帽子。这种状况，直到1931年11月左联执委会通过了《中国无产阶级革命文学的新任务》的决议才有所改变。

　　茅盾回忆说：1931年11月的"决议是冯雪峰起草的，瞿秋白花了不少心血，执委会也研究了多次"；"它标志着一个旧阶段的结束和一个新阶段的开始。……它已基本上摆脱了'左'的桎梏，开始了蓬勃发展、四面出击的阶段。促成这个转变的，应该给瞿秋白记头功。当然，鲁迅是左联的主帅，他是坚决主张这个转变的，但是他毕竟不是党员，是'统战对象'，所以左联盟员中的党员同志多数对他是尊敬有余，服从则不足。秋白不同，虽然他那时受王明路线的排挤，在党中央'靠边站'了，然而他在党员中的威望和他文学艺术上的造诣，使得党员们人人折服。所以当他参加了左联的领导工作，加之他对鲁迅的充分信赖和支持，就使得鲁迅如虎添翼。鲁迅与秋白的亲密合作，产生了这样一种奇特的现象：在王明'左'倾路线在全党占统治地位的情况下，以上海为中心的左翼文艺运动，却高举了马列主义的旗帜，在日益严重的白色恐怖下，开辟了无产阶级革命文学的道路，并且取得了辉煌的成就。"

　　这一时期，瞿秋白一度从组织上直接领导了中国左翼文化总同盟的工作，并为它起草了《苏维埃的文化革命》等指导性文件，进一步明确了在中国共产党领导下文化工作的前进方向。

　　过去，左联不允许盟员在资产阶级报刊上发表文章，而自己没有报纸，刊物常被查禁。瞿秋白参加领导左联后，开始逐步地、有计划地占领这些宣传阵地。石凌鹤当了《申报》的《电影副刊》编辑，王尘无当了《晨报》的《每日电影》编辑，左翼作家在《东方杂志》

《申报月刊》以及其他刊物上也发表了文章，特别是发表了许多反对国民党不抵抗政策的杂文、随笔、漫画等。夏衍说："这件事，我认为秋白同志的功劳是不可磨灭的。"

这时，瞿秋白和左联中的共产党员夏衍、阳翰笙、阿英等，都有过多次接触。一二八事变前后，他对左联中共产党员作家的关门主义错误以及他们对于中间派文艺工作者的不适当的态度，进行了批评。他对他们说，在广大群众要求抗日的时候，我们必须把作家、艺术家组织起来，适应群众抗日爱国心理进行文艺工作。

上海明星电影公司邀请夏衍、郑伯奇、阿英担任编剧，有些人不赞成。夏衍、郑伯奇向瞿秋白请示。瞿秋白思考片刻，说："要考虑一下，电影界的恶势力太大，你们这些书生斗不过他们。"又说："我们还没有力量和可能办自己的电影公司，而电影又是影响最大的宣传工具，你们可以试试。认识一些人，做一些工作，培养几个干部。不要急于求成，困难是很多的。"最后，他意味深长地说："但是，你们要当心。"要他们对电影圈中的腐化堕落的霉菌，务必提高警觉，谨慎地夺取这块阵地。这样，夏衍、郑伯奇、阿英，后来还有沈西苓、石凌鹤、司徒慧敏、王尘无，加上田汉、阳翰笙等，都参加了电影工作。这是左联从左翼的小圈子渗入完全由资产阶级把持的电影事业的起点。从1932年到1937年，左翼作家实际上控制了明星、联华、艺华等几家最大的电影公司的编剧方面的领导权，这期间，拍摄了很多用新的艺术形式表现新题材、新思想，反映社会生活和时代风貌，配合中国共产党反帝反封建民族民主革命的新影片。夏衍说："这件事，在秋白同志领导文艺工作之前，我们是不可能做得到的。"

法国人办的百代唱片公司，在上海唱片业中首屈一指。公司音乐部主任任光与田汉很熟。田汉要夏衍向瞿秋白请示，可不可以争取任光帮助，录制进步歌曲广泛发行。瞿秋白完全赞成田汉的意见，高兴地说："这是一个好机会。"通过任光，把聂耳、田汉、冼星海、孙师毅等人作曲作词的进步歌曲，录制成百代公司唱片。从此，《渔光曲》《毕业歌》《义勇军进行曲》《大刀进行曲》等唱遍华夏大地。

　　20世纪30年代初期，中国革命文学运动仍然处于幼稚阶段，急需马克思主义文艺理论的指导和借鉴苏俄作家与作品。

　　1932年，瞿秋白翻译了《现实——马克思主义文艺论文集》一书，译文有恩格斯论巴尔扎克和易卜生的两封信，普列汉诺夫的《论易卜生的成功》《别林斯基的百年纪念》《法国的戏剧文学和法国的绘画》《唯物史观的艺术论》等，撰写了《马克思恩格斯和文学上的现实主义》《恩格斯和文学上的机械论》《文艺理论家的普列汉诺夫》《拉法格和他的文艺批评》《关于左拉》《社会主义的早期"同路人"——女作家哈克纳斯》等文艺理论文章。瞿秋白还翻译了列宁的《列甫·托尔斯泰和他的时代》，写了《马克思文艺论底断篇后记》《斯大林和文学》《苏联文学的新阶段》等介绍性文章，卓有成效地宣传了马克思列宁主义文艺学说中关于阶级文艺的理论。瞿秋白突出地介绍了社会主义现实主义奠基人高尔基的文学理论和作品，翻译了《高尔基论文选集》《高尔基创作选集》等；此外，还翻译了卢那察尔斯基、格拉特柯夫、绥拉菲莫维奇等人的文学作品和论文。

　　针对一些革命作家为表现自己的无产阶级立场、观点和感情，而以概念化的说教和简单化的编造代替文学创作的现象，瞿秋白第一次给中国文坛译介了恩格斯关于现实主义文学基本原理的论述，对左翼文学的理论和创作产生了广泛而深刻的影响，使五四以来关于革命文学现实主义的理论之争有了一个科学的阐释。瞿秋白还着重介绍了恩格斯关于现实主义文学的倾向性、作家世界观和创作方法的关系，关于"典型环境中的典型性格"，关于作家和阶级的关系等问题的重要论点，给当时左翼作家创作中较流行的肤浅的革命浪漫主义倾向敲响了警钟，从而确立了马克思主义文艺理论对中国革命文学运动的指导地位。

　　在介绍和评述现实主义时，瞿秋白坚持马克思主义的哲学观点，提倡革命的现实主义，而反对庸俗的现实主义。革命的现实主义，要求真实性和革命倾向性的结合，既要有理想和热情，有倾向和目标，又要反对脱离现实生活的空想和造作。他自己在这一时期对于一些文艺作品的评论，就体现了这一精神。

翻译和传播马克思主义经典作家的文艺理论和苏俄的文学作品，在这以前也有人做过一些工作，但做得这样比较系统而且取得这样大的成绩的，则始于瞿秋白。他的高度的理论功底，深厚的文学素养，准确优美的译文，深得鲁迅和其他革命作家的赞赏。

当时的中国，帝国主义侵略日益猖狂，国民党统治愈加腐朽。人民群众被旧的文艺所包围，其内容大多是纸醉金迷的歌舞升平，武侠、剑仙之类的荒诞迷幻，以及因果报应、安贫乐道、逆来顺受、委曲求全之类的说教劝诫，这种庸俗的"大众文艺""通俗文学"，经常被地主阶级和资产阶级利用来腐蚀劳动人民，麻痹他们的斗志，消解他们的反抗。一些新的革命文学家，与广大群众隔离，创作倾向和艺术观念日趋欧化，因而不能为广大劳动人民群众所接受。无产阶级革命文艺，既然承认文艺的阶级性、革命性和斗争性，就必然要求文艺大众化，让文学为大众所懂得，所接受，所喜爱，否则就无法实现革命文艺为人民大众服务的根本任务。

1930年左联成立前后，左翼文学界开展了一次关于大众文艺的讨论，这次讨论主要是探讨文艺大众化的形式问题，许多问题还没有展开和深入。1931年瞿秋白重返文艺战线，以极大的注意力，深入地研究文艺大众化问题，指出："革命文艺的大众化，尤其是革命的大众文艺的创造，更加是最迫切的任务了。""革命的文艺，必须'向着大众'去！"

在瞿秋白的积极推动下，1932年夏又有了第二次关于文艺大众化问题的讨论。这期间，瞿秋白集中创作发表了《普洛大众文艺的现实问题》《论文学的大众化》《欧化文艺》《再论大众文艺答止敬》等一系列文章，他在文艺大众化的研究和讨论中，付出的精力，撰写的文章，比之其他文学问题都要多；并且，他的论述，也最有条理，最为深刻，最富有创造性。在中国现代文学史上，正是瞿秋白第一次明确提出：为工农大众服务，与工农大众相结合，是无产阶级文艺运动的中心问题。瞿秋白认为，实现文艺大众化的关键，是革命的文艺要向着大众；革命的作家必须"要到群众中间去学习，在工作的过程中去学习"，转变自己的小资产阶级思想感情。他承前启后，既坚持和深化了早期共产党人关于革命文学的主张，又为后来毛泽东《在延安文艺座谈会上的讲话》确定文艺为工农兵服务的方向，提供了有益的思想材料。

瞿秋白不仅在理论上探索文艺大众化问题，而且亲自进行了写作尝试。他利用传统的民间文艺形式，写了不少有新内容的通俗歌谣和故事，如《东洋人出兵》《上海打仗景致》《可恶的日本》《英雄巧计献上海》《群众歌》《十月革命调》《苏维埃歌》《五更调》《工人要求新唱春》等，这些作品通俗易懂，思想新颖，语言生动，既能说又能唱，贴近工农大众的切身利益，深受广大民众的欢迎。

瞿秋白不是受中共党组织派遣，而是通过冯雪峰、茅盾结识鲁迅后，以特殊身份、特殊关系，依靠自身深厚的马克思主义理论修养、扎实的文化功底和文学素养，凭借多年的实际工作经验，获得左联盟员的尊重而成为领导。在被王明"左"倾教条主义错误排挤出中央政治局后，恰逢左翼文化运动举步维艰，面临许多重大问题，出于对革命的投入，对于党领导的文化事业的责任感，对文学的眷恋和扯不断的缕缕情丝，积极参与了中国现代文化史上这场伟大的革命文化运动，为推动中国左翼文化健康发展作出了重要的贡献。

瞿秋白对左联的指导，前后近三年时间，到1933年冬为止。回顾左联取得的辉煌成绩，谁都不会忘记鲁迅和瞿秋白发挥的作用。如果把20世纪30年代初期的左翼文艺家队伍，比作一支向反动派冲锋陷阵的大军，那么，这支大军的统帅就是鲁迅，而瞿秋白当之无愧是这支大军杰出的政治委员，正如茅盾所说："左翼文坛两领导，瞿霜鲁迅各千秋。"

冯雪峰是紫霞路瞿家的常客。瞿秋白见到他时，总是问："鲁迅近来好吗？在写什么？对左联工作有什么意见？"冯雪峰见到鲁迅时，也常谈起瞿秋白，转告他对左联工作的意见。鲁迅很看重瞿秋白的意见。当冯雪峰把瞿秋白对鲁迅从日文本转译的马克思主义文艺理论著作的译文的意见转达给鲁迅时，鲁迅忙说："我们抓住他，要他从原文多翻译这类作品。以他的俄文和中文，确是最适宜的了。"此后，只要有俄文书刊到手，鲁迅就交给冯雪峰带给瞿秋白。

鲁迅也很看重瞿秋白的杂文，说他写得尖锐、明白、晓畅，真有才华，真可佩服；有时也指出其中的不足。鲁迅更看重瞿秋白的文艺理论文章，有几次，他对冯雪峰说："真是煌煌大论！在国内文艺界，能够写出这样论文的，现在还没有第二个人。"

瞿秋白和鲁迅的第一次见面，是在1932年夏天。那天早饭后，瞿秋白由冯雪峰陪同，去北川公寓拜访鲁迅，直到晚间才回来。两人一见如故，谈得非常投机。

许广平这样描绘他俩初次见面时的情景："鲁迅对这一位稀客，款待之如久别重逢有许多话要说的老朋友，又如毫无隔阂的亲人（白区对党内的人都认是亲人看待）骨肉一样，真是至亲相见，不须拘礼的样子。总之，有谁看到过从外面携回几尾鱼儿，忽然放到水池中见了水的洋洋得意之状吗？那情形就仿佛相似。"他们两人从日常生活、战争到文坛情况，"都一个接一个地滔滔不绝无话不谈，生怕时光过去得太快了似的"。

这次见面，使瞿秋白感到振奋。6月间，他连续在10日、20日、28日写信给鲁迅，谈他对整理中国文学史和翻译问题的意见，信都写得很长，似乎有说不完的话。

9月1日上午，鲁迅和许广平、周海婴冒雨来到紫霞路68号。瞿秋白欣喜地从书桌旁站起来表示欢迎。两人热烈地讨论文字改革，瞿秋白找出一些字，请许广平用广东方言发音。午餐席上，谈笑风生，非常亲热。从这以后，两家来往更为密切。

杨之华在瞿秋白鼓励下，写短篇小说《豆腐阿姐》。瞿秋白让她拿给鲁迅看。鲁迅收到小说后，当天下午改妥，还将文中错字分别改正。后来鲁迅编译苏联短篇小说集《一天的工作》，选收作品10篇，内中《岔道夫》和《一天的工作》两篇，就是杨之华翻译、瞿秋白校定的。当良友公司出版后，鲁迅便把当天所得版税，抽出60元送给杨之华，以贴补瞿家生活之用。

白色恐怖笼罩下的上海，瞿秋白夫妇随时面临被捕的危险。鲁迅夫妇置生死于度外，尽力掩护他们。1932年11月下旬，听说有一个叛徒在盯梢杨之华，瞿秋白夫妇转移到鲁迅家中暂避。此时，鲁迅正因母病赴北平，瞿秋白夫妇就借住在鲁迅写作兼卧室的一间朝北的大房间里。这期间，瞿秋白仍勤奋笔耕，译完了《高尔基论文选集》，并为选集撰写了《写在前面》。一个月后的一天深夜，总工会党团书记陈云借着蒙蒙细雨，用黄包车悄悄接走了瞿秋白夫妇。

1933年2月上旬，中共上海中央局得到情报，说国民党特务要在当晚破坏紫霞路一处机关。中央局组织部长黄文容赶来，要瞿秋白夫妇迅速转移，瞿秋白决定躲到鲁迅家。于是，傍晚时分，由黄文容护送，他们再次来到鲁迅家中避难。

这次适逢英国大文豪萧伯纳来到上海访问，接受了记者的集体采访，报刊上有许多新闻报道。鲁迅和瞿秋白商议，把这些文章辑录成册，以纪念中国文坛上的这件大事。于是，先由许广平到报摊上将相关的文章全部搜罗来，然后和杨之华共同剪贴，再由鲁迅和瞿秋白连夜编辑，结合自己的感受，由鲁迅作序，瞿秋白写卷首语，交给野草书屋出版，书名为《萧伯纳在上海》。鲁迅将所得稿费全部资助给瞿秋白，这对于生活拮据的瞿秋白夫妇来说，无异于雪中送炭。

2月底，黄文容到鲁迅家，又把瞿秋白接到中央局内部交通主任高文华家去住。这样频繁的转移搬迁，使鲁迅寝食不安，总想替他们寻找一处比较安全的住房。3月初，鲁迅通过内山完造夫人帮助，在四川北路施高塔路东照里12号租到一个亭子间。3月1日、3日，鲁迅两次去看房。两天后，瞿秋白夫妇就搬到这里。6日下午，鲁迅拿着一盆堇花来到寓所，看望瞿秋白夫妇，祝贺乔迁，还送来一副自己亲笔书写的对联"人生得一知己足矣，斯世当以同怀视之"。瞿秋白十分珍视，郑重地挂在墙上，还经常地面对它品味、欣赏、思索。

4月11日，鲁迅全家由北川公寓迁居施高塔路大陆新村9号。两家在同一条马路上，相距不足10分钟的路程，鲁迅和瞿秋白来往十分方便，几乎每天都可以见面。杨之华在回忆录中写道："那时候，鲁迅几乎每天来看我们，和秋白谈论政治、时事、文艺等各方面的事情，乐而忘返。秋白一见鲁迅就立即改变了不爱说话的性格，两人边说边笑，有时哈哈大笑，驱走了像牢笼似的小亭子间里不自由的闷人气氛。"

有了比较安定的生活环境，瞿秋白在短时间内，写了一批思想深刻、文采飞扬、短小精悍的杂文。为了保证安全，这些文章就用鲁迅的各种笔名，经许广平誊抄过，由鲁迅当做自己的文章投寄发表，包括《王道诗话》《伸冤》《曲的解放》《迎头经》《出卖灵魂的秘诀》《最艺术的国家》《关于女人》《真假堂吉诃德》《内外》《透底》《大观园的人才》《儿时》《中国文与中国人》等，其中有几篇是瞿秋白与鲁迅两人漫谈后写成的。许广平说："在他和鲁迅见面的时候，就把他想到的腹稿讲出来，经过两人交换意见，有时修改补充或变换内容，然后由他执笔写出。他下笔很迅速，住在我们家里时，每天午饭后至下午二、三时为休息时间，我们为了他的身体健康，都不去打扰他。到时候了，他自己开门出来，往往笑吟吟地拿着牺牲午睡写的短文一二篇，给鲁迅来看。鲁迅看后，每每无限惊叹于他的文情并茂的新作是那么精美绝伦。"他把马克思主义的敏锐观察力，运用到杂文写作中，其思想和艺术上的成就，已经达到了那个时期的杂文的高峰，堪与鲁迅并驾齐驱。

鲁迅是中国文化革命战线的主将，敌人攻击他，朋友误解他。瞿秋白把正确地评价鲁迅看成是当时文化革命战线上的一个重大任务。因此，在与鲁迅"合作"杂文的同时，瞿秋白潜心研读鲁迅的文章，精心编辑了一部15万字左右的《鲁迅杂感选集》。全书共收录了鲁迅从1918年至1932年创作的杂文75篇。他又花了4天时间，写成17000字的长序，这就是署名"何凝"的名篇《〈鲁迅杂感选集〉序言》。

这篇《序言》，是中国现代文学批评史上具有里程碑意义的经典文献。形形色色的反动文人惧怕鲁迅，污蔑鲁迅。由于受"左"倾文艺思想的影响，左翼阵线内也有人把鲁迅作为思想斗争的对象，称鲁迅是"时代的落伍者""有闲阶级"，甚至是"封建余孽"；贬低鲁迅杂文的战斗意义，说他是一个"杂感家"。瞿秋白的《序言》却对鲁迅杂文作出了极高的评价。他说："正因为一些蚊子苍蝇讨厌他的杂感，这种文体就证明了自己的战斗的意义。"对于鲁迅本人，瞿秋白称誉他"是封建宗法社会的逆子，是绅士阶级的贰臣，而同时也是一些浪漫谛克的革命家的诤友"；他的杂文"是最清醒的现实主义"。

为了使人们通过鲁迅的主要著作杂文，正确认识鲁迅是怎样一个人，鲁迅的思想是如何发展的，瞿秋白从鲁迅的文学活动和革命活动中概括得出了自己的结论："鲁迅从进化论进到阶级论，从绅士阶级的逆子贰臣进到无产阶级和劳动群众的真正的友人，以至于战士，他是经历了辛亥革命以前直到现在四分之一世纪的战斗，从痛苦的经验和深刻的观察之中，带着宝贵的革命传统，到新的阵营里来的。他终于宣言：'原先是憎恶这熟识的本阶级，毫不可惜它的溃灭，后来又由于事实的教训，以为惟新兴的无产者才有将来。'"

瞿秋白是对鲁迅在中国新文化运动中的地位和作用，对鲁迅思想的形成、发展和特点，给予科学评价的第一人。他从鲁迅的思想和创作中概括出了中国进步知识分子应当遵循的正确道路。

瞿秋白把鲁迅及其思想，放在具体的历史发展过程中加以考察。他既指出鲁迅世界观或思想从进化论到阶级论的发展过程，又指出鲁迅从绅士阶级的逆子贰臣转变为无产阶级和劳动群众的真正友人以至于战士的革命战斗的过程；他把两个过程紧密结合起来，显示出鲁迅不仅是文学家，同时也是思想家和革命家。瞿秋白有力地驳斥了各式反动文人对于鲁迅杂感的嘲讽，帮助革命作家正确认识鲁迅的进步思想和创作成就，从而树立了鲁迅在中国现代文学史上和思想史上的地位，明确了鲁迅所代表的中国先进文化发展的方向。

这篇序言评价深刻，也获得鲁迅的认同，认为瞿秋白懂得了他，因此也特别敬重这位具有书生气质的革命者。虽然出版杂文选集会降低鲁迅杂文单行本的销路，但鲁迅丝毫不以为意，反而很重视这本杂文选集的出版，亲自设计版式，安排插图和校对文字。在刚刚收到良友图书公司的版税时，鲁迅就将其中的200元付给瞿秋白，以帮助他们夫妇渡过生活难关。

由于安全的原因，瞿秋白夫妇于6月初，从东照里搬到王家沙鸣玉坊一家花店的楼上。这里是中共江苏省委机关，冯雪峰也住在这里。但7月10日的下午，这里的安全又发生问题，必须立刻转移。瞿秋白夫妇决定到鲁迅家去。他们冒着大雨，坐上黄包车，扯下车篷，安全地到了鲁迅寓所。

这以后，杨之华到中共上海中央局组织部做秘书工作，夫妇两人就搬到机关去住，与高文华家住在一起。大约9月间，一天深夜，突然传来警报，要他们马上离开机关。这时已是凌晨两点钟，瞿秋白和杨之华决定还是到鲁迅家去。这一次在鲁迅家只住了几天，就转移到另外的机关里。

1934年1月，瞿秋白奉命离开上海到中共苏区。临行前几天，他有一种无法排遣的渴望，一股不可压抑的深情，一定要当面向鲁迅辞行，并与他们长谈一次；他是预料到，今后难得再有见面的机会。杨之华深深理解他的心情，但为了他的安全，让他晚上去，在鲁迅那里住上一天，第二天晚上再回家。

1月4日晚，瞿秋白来到鲁迅家。他俩都意识到，这一次相见后就将是长久的离别。两人似乎有说不完的话，但两个人都希望倾听对方说，从中体味战友的深情。晚上，鲁迅一定要让瞿秋白睡在自己的床上，他与许广平睡在地铺上。

杨之华在家中焦急地等了瞿秋白一天一夜，直到第二天晚上他平安归来，才算一块石头落地。瞿秋白为实现这次辞行很高兴，他笑容满面地说："要见的都见到了，要说的话也说了，大先生身体很好。"但在心里，瞿秋白是有点儿郁悒的，除了惜别之情，也许是因为不得不离开他喜爱的文艺战线，不得不离开这里肝胆相照的挚友。

1月9日，鲁迅收到瞿秋白临行前写给他的信；28日，又收到瞿秋白将要到达苏区时在途中写来的信。鲁迅的惦念之心，总算放了下来。

1935年秋，瞿秋白壮烈牺牲的消息传来，鲁迅悲痛异常。此时的鲁迅已是体弱多病，但他强支病体，仅用了几个月的时间，就搜集、编辑了瞿秋白翻译的马克思、恩格斯、列宁、普列汉诺夫、高尔基、卢那察尔斯基等人的文学理论及文学作品，并嘱托内山书店将排好版、打成纸型的书稿寄到日本，选择最好的纸张，印成上下两册《海上述林》，鲁迅认为这是对瞿秋白最好的纪念，他说："倘其生存，见之当亦高兴，而今竟已归土，哀哉。"

从书稿的整理、编辑，到设计装帧、校对，鲁迅都亲力亲为，一丝不苟。他在拟写的"绍介《海上述林》上卷"的广告中说："本卷所收，都是文艺论文，作者既是大家，译者又是名手，信而且达，并世无两。其中《写实主义文学论》与《高尔基论文选集》两种，尤为煌煌巨制。此外论说，亦无一不佳，足以传世。"该书出版时署名"诸夏怀霜社"，这其中寓意极深，"诸夏"即中国，"霜"为瞿秋白的原名，"诸夏怀霜"意为"中国人民永远怀念瞿秋白"。待到上卷出版后，未等到下卷出版，鲁迅就带着遗憾离别了人世。

瞿秋白的译文集《海上述林》上下卷于1936年5月和10月先后出版，这也是鲁迅生前编辑的最后一部书。

在从事文艺研究、文学创作和翻译，指导文化运动和左联工作的同时，瞿秋白还不时写一些谈论政治问题、评论时事的文章，发表在《布尔塞维克》《红旗周报》《斗争》等党内外刊物上。

瞿秋白用笔名"狄康"所写的政论时评文章，绝大多数发表于1933年6～8月间的《斗争》上。当时处于中央苏区第五次反"围剿"的前夕，他针对国民党政府的内外政策，揭露了敌人在战略策略上的变化和企图，及时向党中央提出了重要意见；当然文章中也还免不了有些"左"的成分。

这些文章，一方面刺痛了国民党反动派，另一方面也引起了中共上海中央局王明集团李竹声一伙的不满，认为这是瞿秋白的一种对抗和挑战，是在精神上"另立中央"，必须加以打击和批判。

1933年9月22日，临时中央政治局作出《关于狄康同志错误的决定》，发动了对瞿秋白的公开批判。这个决定指责瞿秋白文章的许多观点是"偷运和继续他过去的腐朽的机会主义"，"来解除党动员群众的武装"，"在客观上，他是成了阶级敌人在党内的应声虫。"因而，瞿秋白犯了"非常严重的有系统的机会主义错误"；号召全党"应在组织中开展最无情的斗争，来教育同志，并检查自己队伍中的机会主义的动摇，坚决地打击一切对于机会主义的调和倾向，以保证彻底执行关于反对五次'围剿'的决议。"10月，中共中央机关刊物《红旗周报》发表社论《白区党在反对五次"围剿"中的战斗任务》，居然把批判瞿秋白作为白区党完成反对五次"围剿"各项任务的必要前提，强调要对瞿秋白"开展最无情的斗争"。同期发表的署名文章《粉碎五次"围剿"与反倾向斗争》，提出"反对目前最危险的罗明路线和狄康同志的观点"，是"顺利地执行冲破五次"围剿"的一切战斗任务的前提。"11月，中共苏区中央局机关刊物《斗争》全文转载此文，把对瞿秋白的批判，由白区推向苏区；同时，因发表瞿秋白的文章，《斗争》编辑部受到组织上的整顿。

对于强加给自己的罪名，瞿秋白很不理解。瞿秋白写了声明给《斗争》编辑部，承认自己在那些文章中偶然流露了"错误"，原因在于"过分估计革命形势"，即承认自己"左"，而不承认右，于是引起更严厉的指责和批判，说他是"加深"了错误，进行"机会主义的抵抗"。瞿秋白只好在中央决定下达5天之后，写了《我对于错误的认识》的检讨书，按照"左"倾领导人定的调子，承认了"错误"。

1933年底，临时中央来电，调瞿秋白去中央苏区工作。瞿秋白一直向往和关心苏区，听到上海中央局传达中央通知后，马上说："想去很久了！"据杨之华回忆：瞿秋白这时是兴奋的，可是又克制了自己的感情。他提出请求："之华可以同去吗？"答复是"暂时不能去"。

1934年1月7日的晚上，雨雪交加，寒风袭人，瞿秋白穿着单薄的寒衣，拖着病弱的身体出了家门。快到弄堂口时，他停了下来，回头走了几步，在昏黄暗淡的路灯光下，凝视着站在门外的妻子，缓缓地说："之华，我走了。"

谁知这次告别竟成永诀。

他离沪后半个月，妻子杨之华收到瞿秋白托人带给她的一张小纸条，上面写着："我将到我们的老家，很快会看到亲兄弟，那是一个不可想象的天堂。快来！"这里的"老家""天堂"，显然都是指瞿秋白即将到达的中央苏区。

五、夕阳明灭乱山中

瞿秋白从吴淞口登船南行，经过近一个月的长途跋涉，通过秘密交通线从上海转道香港，于1934年2月5日来到中央苏区的中心瑞金。

1934年1月22日，中华苏维埃第二次全国代表大会在江西瑞金沙洲坝召开，瞿秋白当选为中华苏维埃共和国中央执行委员会委员，并兼任教育人民委员部部长，还分管艺术局的工作；4月间他又兼任苏维埃大学的校长，同时还要负责主编共产党在革命根据地创办的《红色中华》报。

在苏区，瞿秋白学会了骑马。人们经常可以看到，瞿秋白骑着一匹黑马，奔波在沙洲坝周围的中央机关所在地，布置督促和检查工作。

此时的瑞金，在国民党的封锁下，物资极度匮乏，生活条件非常艰苦。瞿秋白的身体不好，他的肺病很严重，经常咯血。瑞金几乎没有医疗条件，饮食也很差，身边没有杨之华的照顾，他的身体状况一直没有好转。

苏维埃大学是一所专门培养和造就苏维埃建设所需的各类高级干部的学校。1934年4月1日，举行了苏维埃大学的开学典礼，校长瞿秋白在会上发表了讲话："大学开学的战争任务，是为了发展中国的苏维埃革命，供给苏维埃革命运动的干部人才。每个学生同志都应该深刻地了解自己伟大的使命，努力学习，为中国的苏维埃革命运动而斗争。"瞿秋白还讲了当前的军事形势，他鼓励学员中国革命是一定能够成功的，要克服一切困难，一定要战胜敌人。

为使各级教育部门有法可循有章可依，瞿秋白与苏区教育人民委员部副部长徐特立等，一起制定教育工作的各项法规条例。瞿秋白身边工作的人员很少，许多文件都是由他亲自执笔起草的，他文笔流畅，写作能力惊人，经常一个晚上就能写好几份文件。

他非常认真，很多文件他亲自修改，修改以后交给大家讨论；他很民主，让每个人发表意见，他再把意见集中起来；他非常谦虚，总是说苏维埃的经验我没有，所以我一定要听你们大家的意见。

从1934年2月到4月，不足三个月时间，教育人民委员部在瞿秋白的主持下，共制定教育法规24个，包括小学、中学、大学、师范和社会教育在内的苏区教育法规。瞿秋白痛切地感到，在战争条件下，以农村为主的苏区，广大贫苦农民过去无法求学，苏区人民的文化水平太低，文盲普遍存在，因此，他积极提倡开展扫盲运动。

苏区的教育工作，主要包括两个方面的内容，即适龄青少年的学校教育和成年人的群众性社会教育；其中，在广大人民群众中开展识字扫盲运动，进行集体的文化娱乐活动，便成为普及文化教育，提高群众政治觉悟的必由之路。

师资不足，是苏区发展教育事业中的一大困难。瞿秋白主持下的教育人民委员部，把发展苏区的师范教育，放在十分重要的地位，建立了高级师范学校、初级师范学校和短期师范学校，在寒暑假期间还开办小学教员训练班。各级师范学校，培养了大批教育干部，特别是妇女干部。

建设一支革命的有文化的教师队伍，就要解决知识分子政策的问题。在阶级斗争复杂尖锐的时期，瞿秋白一方面强调要提高警惕，反对那种"不问有无知识，乱用一些地主富农来当教员"的错误做法；另一方面，他坚持党的知识分子政策，反对"左"的错误。他明确地说："教育方面需要利用一些旧知识分子"，"忠实于苏维埃，服从苏维埃法令的旧知识分子，我们仍旧把他当作苏维埃职员看待，我们还是要督促他们，勉励他们积极的工作。"

在瞿秋白的领导下，中央苏区的教育事业取得了可喜的成绩。1934年间，江西、福建、广东等根据地有列宁小学3000多所，学生约10万人；补习夜校4500多所；识字组2万多个，组员仅江西一省约达12万人；俱乐部有近2000个，参加活动的固定会员就有9万多人。苏区多数学龄儿童进入了学校，不少劳动人民摆脱了文盲之苦。

瞿秋白在苏区工作期间，始终把革命文艺工作放在重要地位，强调红色文艺是党的政治工作和宣传工作的重要组成部分。瞿秋白在苏区第一所戏剧学校"蓝山团学校"的基础上，推动组建了正规的艺术学校——高尔基戏剧学校，提出了"戏剧要大众化、通俗化，采取多样形式，为工农兵服务"的办校方针。他还具体指导中央苏维埃剧团排演了许多红色戏剧，要求文艺工作者深入生活，从民间搜集素材进行创作。语言艺术是戏剧成功必不可少的条件，他鼓励大家用老百姓中流行的民歌曲调写歌曲，说："通俗的歌词对群众教育作用大，没有人写谱就照民歌曲谱填词，好听，好唱，群众熟悉，马上能流传，比有些创作的曲子还好些。"

瞿秋白领导下的苏区文化教育事业、群众文艺运动和专业文艺工作，成绩是显著的，对于宣传群众，发动群众，鼓舞苏区军民的革命斗志发挥了重要的作用；同时，也为延安时代的文艺工作提供了许多有益的经验。毛泽东在1939年5月的一个月夜，与萧三散步时谈起瞿秋白的牺牲，不胜惋惜地说："假如他活着，现在领导边区的文化运动该有多好啊！"1942年，在延安文艺座谈会召开前，毛泽东再次发出感慨："怎么未有一个人，又懂政治，又懂文艺，要是瞿秋白同志还在就好了！"

瞿秋白主管苏区教育和文艺工作的同时，还担任中华苏维埃共和国临时中央政府机关报《红色中华》的社长兼主编。

《红色中华》报创刊于1931年12月，早在1933年7月，瞿秋白在上海期间就根据他对《红色中华》报的研究所得，写了《关于〈红色中华〉报的意见》。他指出，《红色中华》报应在以下6个方面进行改进。第一，"'党的建设'——各级党部的情形，各级党部在苏维埃地方政府之中的作用，各级党部的发展，各级党部的优点和错误等等——必须反映在这个报纸上。"第二，应该正确地在报纸上开展自我批评；在报道坏现象和缺点时，应该报道"党的纠正政策"。第三，应当使红军和工农群众每天了解战斗的总形势。第四，加强社论和论文的指导作用，反对命令主义的倾向。对群众的某些疑虑，要作富有说服力的解释；对于新问题，要时常发表有指导性的解释论文。第五，要开展工农兵通讯运动，即组织每个地方、各条战线的工农兵通讯协会，把能够写通讯的兵士、贫农、工人组织起来。第六，建议做到通俗易懂，"可以普及到能够勉强读得懂最浅近文字的读者群众"。

在瞿秋白的主持下，《红色中华》报在依靠群众办报方面有所发展。报社成立了通讯部，拟订了开展工农通讯工作的计划，规定了帮助和培养通讯员的办法。通讯员的人数不断扩大，由报纸创刊时的200多人，增加到近千人，形成了一个覆盖各地方、各系统的通讯网。

1934年10月，第五次反"围剿"斗争失败，中央红军主力被迫撤离中央苏区开始长征，中共中央和中华苏维埃共和国临时中央政府，也随军北上转移。

中央安排瞿秋白留在苏区工作，任中共苏区中央分局宣传部长兼中央办事处教育部长。一天，陈毅看见瞿秋白还在，很诧异，问他怎么还不走。陈毅说："我的马比你的马好，你赶紧骑着去追上队伍。"瞿秋白说："我要留下的。"陈毅说："怎么要留下来？"瞿秋白说："领导决定的，要我留下来。"

中央红军出发那天，瞿秋白把自己的马送给了长征队伍中最年长的徐特立，让马夫也跟着徐特立一起上路。

送别了战友，瞿秋白立即投入了紧张的工作。为了保守中央红军撤离苏区的秘密，党中央出发前要求《红色中华》报照常编辑、出版、发行，并且报纸的版式、栏目、出版周期、社址、印刷厂等都不变，一切照旧。由于主力部队撤走后严重缺乏人手，组稿、排版、校对等工作都困难重重。但瞿秋白不顾咳血疲惫，夜以继日地工作，仍然坚持《红色中华》报每周出版两至三期。报纸内容仍以报道战争通讯为主，刊载军事电台收到的各苏区捷报，但不提红军的行动情况。这时，瞿秋白搬到报社来住宿，与其他编辑一起，承担报纸的编务工作。后来，敌军逼近了，瞿秋白便随军行动。白天，他与大家一起步行，爬山；到达宿营地，大家休息了，他还要连夜写稿、审稿，以保证报纸按时出版。这样，直到1935年1月中央分局正式决定突围转移时为止，瞿秋白把《红色中华》报坚持办到了最后一期。《红色中华》报在迷惑敌人视听，掩护主力红军转移等方面都起了十分重要的作用。直到红军主力撤离中央苏区后近一个月，国民党军队才如梦方醒，急急忙忙闯入早已空空如也的中央苏区。

与此同时，瞿秋白还在紧张的战斗间隙，带领留下来的高尔基戏剧学校、工农剧社和红军学校的部分文艺战士，组成三个剧团按部队形式编组，分成三路独立在划定的战区内巡回演出，鼓舞士气并帮助群众开展生产活动。当他拖着病弱之躯做着这一切的时候，他尽量不要别人照顾，反过来却常常帮助别人。

红军主力于1934年10月撤离苏区北上，留下1.6万余名红军将士和游击队员在闽赣边境地区开展游击活动。蒋介石一方面调兵遣将，组织主要兵力堵截围追西去的红军主力，同时命令汤恩伯留下负责全歼赣闽残留的红军。

1934年11月，原属苏区的长汀县城、瑞金县城、于都县城、会昌等地相继失守。瞿秋白拖着发烧和浮肿的身体，随留守人员昼伏夜出，东奔西突。

1935年2至3月间，汤恩伯指挥数万兵力从西南往东北方向不留空隙地截追红军。因兵力众寡悬殊，红军决定化整为零，其中有力量较弱的千余人往东撤离，被宋希濂指挥的三十六师在水口附近的部队堵截击溃，俘虏较多；余下三四百人改走上杭方向，也被三十六师指挥的福建保安第十四团截获。

1935年2月，苏维埃中央分局、中央政府办事处等机关留守人员被敌人层层包围，主力红军一时难以营救，只能分批分期突围。

不久中央分局决定撤销中央后方办事处,在陈毅的建议下,决定送瞿秋白转道香港去上海就医。按照中央分局书记项英的决定,瞿秋白、何叔衡、张亮、邓子恢等同志,由中央分局妇女部部长周月林率领,在一个警卫排护送下,向赣粤交界地区转移。

当时,瞿秋白身患严重的肺病,何叔衡年近六旬,张亮(项英的妻子)怀孕六个多月。2月11日,他们一行人与中央妇女部部长周月林会合。随后,他们到达长汀县四都镇汤屋村,遇到了中共福建省委书记兼省军区政委万永诚,由他派人护送向永定县境进发。长汀到永定有四五百里路程,并且山高路险,沿途国民党布满了层层碉堡。面对这种险境,他们装扮成贩卖香菇的客商和随行眷属,换上便装,由警卫排护送至永定县。

1935年2月24日黎明时分,他们越过汀江到达了水口镇附近的小迳村,便动手做饭。炊烟引起了当地地主"义勇队"的察觉,并将情报报告给了福建地方保安十四团第二大队,敌人从三面包围过来。瞿秋白一行及护送队数十人,立即转移到村子后面的山上丛林中,敌人随即包围了这座山头。

瞿秋白等人登上这座山头,才知道陷入了绝境。望着背面陡峭的山势,不知谁喊了一句"滚下去吧",人们没有犹豫,都双手抱头朝山下滚去。

滚下山坡后,大家走散了。邓子恢带领几名红军和游击队员突出了重围。滚到了山脚下的周月林,张目四望寻找伙伴,看见了跌坐在乱草中大口喘气的瞿秋白。两人走不多远,又发现了躺在荒草中的张亮。于是他们三人穿过一片桦树林,潜入了茂密的草丛里,瞿秋白因为虚弱无力,立脚不稳,正巧撞在身旁的小树上,由此惊动了敌人,三人不幸被俘。

敌人搜索时,保安十四团特务连连长曾起等人发现了跳崖负伤的何叔衡,他们想搜他的身,不料重伤未死的何叔衡将曾起的脚抱住,传令兵便打了他一枪,接着曾起也打了一枪,何叔衡壮烈牺牲。

在转移途中,瞿秋白他们三人曾悄悄商定,如遇不测,周月林咬定自己叫陈秀英，是被红军抓去的护士；张亮改名为周莲玉，佯装是香菇商行的老板娘；而瞿秋白则叫林祺祥，在上海学过医，在去福建投亲的途中被红军抓去，在瑞金做了医生。翌日审讯时，敌人没从口供中发现破绽，便将他们押往上杭县保安十四团团部。

国民党东路军总司令蒋鼎文得到密报，说在上杭俘获的几百名红军中可能有瞿秋白在内，于是他严令福建省保安十四团团长钟绍葵在所俘的红军中清查瞿秋白的下落。钟绍葵接到蒋鼎文的电令后，一方面觉得自己责任重大，一方面觉得如能将瞿秋白清查出来，可以邀功请赏，所以他十分卖力地审讯。但狱中认识瞿秋白的同志都坚守秘密，钟绍葵最终也没有清查出来。

转折出现在1935年4月10日，中共福建省委机关被敌人包围，省委书记万永诚在战斗中不幸牺牲，他的妻子徐氏被捕。敌人对她进行了严刑拷打，徐氏熬不住酷刑，最终叛变，向敌人供出了一个重要线索：中共前总书记瞿秋白一个多月前曾由万永诚安排化装突围，后来听说，他们一行人在长汀县濯田一带被俘。

原来，在汤屋村万永诚与瞿秋白一行见面时，徐氏见过瞿秋白，在一旁听到了他们之间的谈话。这一情报非同小可，蒋介石亲发电报给驻长汀的国民党三十六师师长宋希濂，要求严格清查，务必找出瞿秋白。根据徐氏的供词和她描述的瞿秋白的体貌特征，敌人很快锁定了在上杭县监狱中气度不凡的"军医"林祺祥；又让在苏区担任过电报收发员的叛徒郑大鹏指认，最终导致瞿秋白的真实身份暴露。

1935年5月初，化名林祺祥的瞿秋白被押解到福建长汀国民党三十六师师部。

三十六师师部当时驻在长汀西街路南的一所宅院里，瞿秋白被关押在这所宅院左边的一座厢房中，右厢房中住着警卫人员。师长、参谋长、秘书、副官、卫士则住在这所宅院后院的房子里。

蒋介石听说抓到了瞿秋白，急电三十六师师长宋希濂亲自审讯。

宋希濂（1907~1993），字荫国，湖南湘乡人。他毕业于黄埔军校第一期，1926年参加北伐，1932年率军参加淞沪抗战，1933年任第三十六师中将师长。

陈赓和宋希濂是湖南湘乡同乡。1924年陈赓和宋希濂一起领着二十来人从湖南长沙绕道上海到广州投奔国民革命，考入了黄埔军校，一同成为黄埔一期的学生。宋希濂在黄埔军校加入国民党；1925年经陈赓介绍，加入中国共产党。

宋希濂在"中山舰事件"后退出共产党时说："在当今中国，国民党和共产党都是革命政党，目标是一致的。由于军队方面要求军官不要跨党，为避免发生不必要的麻烦，我打算不再跨党。"又说："我可以保证，决不会做有损于国共合作的事。"

这位发誓不做有损国共合作的事的宋希濂，拖到1933年8月，才参加对苏区的第五次"围剿"，一旦参加，就作战凶猛。他率部驻扎抚州，兼抚州警备司令。3个月后，与奔袭敌后的彭德怀率领的红三军团和寻淮洲率领的红七军团在浒湾相遇，宋希濂率三十六师与其他几个师拼死作战，给红三军团和红七军团造成很大伤亡。

之后宋希濂参加平定"闽变"，第一次战斗便一举攻克天险九峰山，使驻守延平的十九路军部队不得不开城投降。蒋介石亲自写一封信空投给他："三十六师已攻占九峰山，使余喜出望外。"原来蒋介石只让三十六师担任牵制对方兵力的助攻，连火炮支援也没有分配给他们，没有想到助攻部队竟然打下了天险主峰。当晚蒋介石通电全国军队，表扬宋希濂的三十六师"于讨伐叛乱战斗中首建奇功"。

宋希濂是5月初到的长汀，军法处处长吴淞涛为了在宋希濂面前表功，曾把提审过程讲得有声有色。吴向宋希濂描绘说，他耐着性子反复审问瞿秋白的姓名、年龄、籍贯、职业，瞿秋白都不紧不慢地答复叫林祺祥，36岁，上海人，职业医生。吴说他有意长时间静默，静得提审室里五六个人都听得见彼此的呼吸声；他甚至站起来在屋里来回踱步，并不时观察瞿秋白的神色。只见他半合半闭的眼睛，脸孔苍白消瘦，端坐的样子像一个打坐的和尚。吴说，在一段时间的寂静之后，他突然一转身使劲把桌子拍得震天响，大声说："你是瞿秋白，不是林祺祥，民国十六年（1927年）我在武汉听过你讲演，你不认得我，我可认得你，你不要冒混了吧！"吴说，这一突然的逼问，瞿秋白神色似有所动，但他仍然不紧不慢地说："你们搞错了，我不是瞿秋白。"吴才使出最后一招，大声一吼："来人啦！"进来的是事先在外等候多时的被俘投敌的叛徒郑大鹏，他指着瞿秋白，向吴献媚地说："我用脑壳担保，他就是瞿秋白。我说了不算，还有他本人照片可核对。"至此，瞿秋白坦然一笑，说："既然这样，也用不着这位好汉拿脑壳作保，我也就不用'冒混'了。瞿秋白就是我，以前我的什么'林祺祥''上海人'之类的呈文、供述，就算作一篇小说罢。"

宋希濂和瞿秋白有过一次长谈，谈了几个小时。

第一次国共合作时期，瞿秋白曾担任国民党候补中央执行委员、国民党政治委员会成员，在黄埔军校任过政治教官，是赫赫有名的人物。宋希濂曾经是瞿秋白在上海大学任教时的学生，在黄埔军校听过瞿秋白的课，他十分钦佩瞿秋白，仰慕他的学问，也希望能劝降瞿秋白，以此立功。

宋希濂曾执学生礼，想以师生之情劝其投降，可瞿秋白却不给他机会，"宋师长是黄埔一期的，我知道你，我给你讲过课。看在师生情分上，请你帮我办几件事。请给我笔墨，我要写东西……"

宋希濂还派军医为瞿秋白治病。但瞿秋白死意已决，说："减轻一点儿痛苦是可以的，要治好病就大可不必了。"

宋希濂在《鹰犬将军——宋希濂自述》一书中回忆说：

　　记得我回到长汀后的第三天，我到瞿秋白室内去看他，先谈了一些生活情形和他的身体状况后，转而谈到政治问题。

　　我说：我这次回来，从龙岩到长汀这一段，数百里间，人烟稀少，田地荒芜，有不少的房舍被毁坏了，我想以前不会是这样荒凉的，这是你们共产党人搞阶级斗争的结果。我是在农村生长的，当了多年军人，走过许多地方，有500亩以上的地主，在每个县里都为数甚微，没收这样几个地主的土地，能解决什么问题？至于为数较多有几十亩土地的小地主，大多都是祖先几代辛勤劳动积蓄几个钱，才逐步购置一些田，成为小地主，他们的生活水平如果同大城市里的资本家比较起来，简直有天壤之别。向这样一些小地主进行斗争，弄得他们家破人亡，未免太残酷了。因此我觉得孙中山先生说中国社会只有大贫小贫之分，阶级斗争不适合中国国情，是很有道理的。

瞿秋白先生说：孙中山先生领导辛亥革命，推翻了几千年来的专制统治，这是对国家的伟大贡献。但孙中山先生的三民主义，把中外的学说都吸收一些……是一种不彻底的革命。中山先生一生的大部分时间都生活在大都市里，对于中国的社会情形，并没有认真调查研究过。中国的土地大都集中在地主富农手里，只是地区之间有程度的差别而已。我们共产党人革命的目的，是要消灭剥削，不管是大地主还是小地主，不管是大资本家或是小资本家，他们都是属于剥削阶级，即地主阶级和资产阶级。有地主，就有被剥削的农民；有资本家，就有被剥削的工人，怎能说阶级斗争不适合于我国国情呢？显然这种说法是错误的。宋先生，你一路上看到有些地方人烟稀少、田地荒芜的情形，当然是事实。但这是不是因为我们共产党人搞阶级斗争弄得劳动力减少了，有土地没人耕种呢？事情不是这样的。我们为了保卫苏区，有许多壮年人参加红军或地方武装，使农村劳动力受到一些影响，是不可避免的。但你们对我们施行严密的封锁，苏区的经济完全靠发展生产来自给，在你们未向我们进攻以前，这些地方的田地并无荒芜的情形，你们来了，老百姓逃跑了，土地无人耕种，所以显得荒凉，我想主要的是这个原因。至于一些房舍被毁坏，恐怕大部分是由于战争造成的。

宋希濂说他为了这类问题曾与瞿秋白争论，但他没能说服瞿秋白，就又在江西省人口较过去大为减少这一问题上来劝说瞿秋白："根据江西省政府最近的调查报告，自民国十六年（1927年）共产党在南昌暴动起，随后在农村搞分田运动，一直到共军退出江西根据地，仅7年的时间，江西省人口减少了800万。我过去读历史，说黄巢杀人800万，感到不寒而栗，今天你们搞阶级斗争，更不知要死多少人，实在是太可怕了！"

对于宋希濂的指责，瞿秋白对江西省政府的调查报告表示怀疑，认为是有意夸大数字，借此诬蔑共产党。瞿秋白还说，在激烈的阶级斗争过程中，人员的死亡和减少是免不了的，但造成这种情形，主要是国民党负责，因为国民党先后调集了百万以上的军队来围攻红军。

宋希濂通过种种理由来劝瞿秋白回心转意，希望他转投国民党阵营。他们从革命理论一直到国家将来的出路进行了长时间的辩论，没有结果，所以宋只长谈了这一次，以后就不再谈了。

谈话结束后，宋希濂立即叫来了参谋长，嘱咐他说："给瞿秋白换一间较大的房子，供给他古书诗词文集和笔墨纸砚，按本师官司长饭菜标准供膳；允许他每天在房间门口散步，撤掉警卫；禁止使用一切刑具；自我以下，一律称瞿秋白为先生。"

自从宋希濂直接审问之后，对瞿秋白狱中生活优待如常。三十六师司令部凡能与瞿秋白接触的官兵，都私下向他索要题字和印章，瞿秋白一律求者不拒，予以满足；唯独各种形式的审问、谈话毫无进展。

此后，瞿秋白写下了驳斥国民党反动派污蔑苏区言论的《供词》和进行自我解剖的《多余的话》。

军统奉蒋介石之命对瞿秋白劝降失败，宋希濂的谈话也没成功。到了6月2日，蒋介石密令要处决瞿秋白。陈立夫知道这个消息以后，请示暂缓执行，马上派出国民党中统局训练科长王杰夫、行动科干事陈建中，并带上福建省党部钱永健、厦门市党部书记朱培璜，抵达长汀，再次对瞿秋白劝降，想劝瞿秋白背叛共产党，并交出共产党内部的组织情况，但他们同样没有达到目的。

劝降瞿秋白的一个突破口，是想从他的才华上突破他。说你这么有才，你不想一想，你如果留下来，以后对家人、朋友，对你自己还有多少事可以做，如果你自己觉得不愿意，名声上不好的话，你可以改个名字，隐姓埋名做翻译，国家可以给你一笔很优厚的待遇等。但是瞿秋白不为所动，他把这些东西都看得无所谓，他说我有我的哲学，我有我的主义。

前后7天就这么谈，白天晚上连续谈，有时候是剑拔弩张的，有时候是笑脸相迎的，软的、硬的都来了，结果还是没有达到目的。中统来的时候，是夸下海口的，说军统做不成的事情，我们绝对能够做成，你宋希濂做不成的我们也能做成。

瞿秋白被关押期间，除了承认他自己是共产党员，没有涉及其他任何一个共产党员，更没有出卖组织。

瞿秋白打破了中统的7次劝降，2次审讯，针锋相对，立场不变。他虽是个书生，但骨头是硬的。就在行刑前5天，国民党还继续游说瞿秋白。中统这些人对瞿秋白说，你做一个识时务者，要像顾顺章归顺国民党、归顺党国。你可以做翻译，可以不公开地做一些文化事业，发挥你的专长，可以不做反共的事情。党国希望你、你的亲属都希望你活下来。瞿秋白很干脆地回答："希望我生存你们是有条件的，是让我屈辱地生活，这我做不到。鸟都要爱自己的羽毛，何况人呢？"这些人又劝降说，你可以学顾顺章，我们很重用他，顾顺章是你们的中央政治局委员，特科最高的负责人，他归顺以后我们是如何地重用他。瞿秋白说："我不是顾顺章，我是瞿秋白，你们认为他这样做是识时务，我情愿做一个不识时务的笨拙的人，也不愿做个出卖灵魂的识时务者！"

这样中统夸下的海口就失败了，宋希濂对王杰夫说，我看你们也不行。

宋希濂见劝说无效，只得电告南京蒋介石，请示处理意见。蒋闻听后，沉默半晌，终于下令枪决。宋希濂出于师生情面，想对瞿秋白再作一次劝降，遂邀瞿秋白一起饮酒。席间，宋拿出蒋介石的电报给瞿秋白看，并称如能自首，当再电请南京收回成命。瞿秋白又说："人爱自己的历史，比鸟爱自己的翅膀更厉害，请勿撕破我的历史。"至此宋希濂束手无策，知道事情已不可挽回。

1935年6月16日，宋希濂先后接到了蒋介石和蒋鼎文的电令："着即将瞿秋白就地处决具报。"当天晚上，宋希濂和他的参谋长向贤矩、政训处长蒋先启、特务连长余冰，研究了执行这个命令的具体办法，商定6月18日上午10时，在长汀中山公园将瞿秋白枪决。在三十六师司令部通往中山公园的路上及中山公园的周围，均由警卫连严密警戒，禁止百姓观看。

6月17日，宋希濂派参谋长向贤矩对瞿秋白暗示蒋介石的命令，期望他能在最后时刻回心转意。傍晚，向贤矩提着两盘菜和一瓶白酒，来到了瞿秋白的囚室。瞿秋白同往日一样，沉静、安详，毫无惧色，只是问道："你们要送我上路了？"

向贤矩说："是的，蒋委员长来电，就地枪决你，明天上午10点执行。"瞿秋白听了以后，很镇定地说："好，这样做了，才符合蒋介石的为人。今天，你提前为我送行，谢谢你。"两个人就把这瓶白酒干完。

当晚瞿秋白睡得很深。

　　1935年6月17日晚，梦行小径中，夕阳明灭，寒流幽咽，
如置仙境。翌日读唐人诗，忽见"夕阳明灭乱流中"句，因
集句得《偶成》一首：

　　　　夕阳明灭乱山中，（韦应物）
　　　　落叶寒泉听不穷。（郎士元）
　　　　已忍伶俜十年事，（杜甫）
　　　　心持半偈万缘空。（郎士元）

　　方欲提笔录出，而毕命之令已下，甚可念也。秋白曾有
句："眼底云烟过尽时，正我逍遥处"，此非词谶，乃狱中
言志耳。

秋白绝笔　六月十八日

　　这是瞿秋白人生最后一个梦境，也是他的绝笔。

　　1935年6月18日清晨，瞿秋白起床，自己换上了洗净的黑短褂、白中裤、长筒黑袜、黑布鞋，梳洗后，静静地坐在桌前，点上烟，喝着茶，翻阅着唐诗，吟读、思索，写下他的这个梦境……

　　8点多钟，警戒方面已部署妥当，向贤矩即进入瞿秋白室内，将蒋介石的电令交瞿秋白观看。向贤矩事后对宋希濂说，瞿秋白看了电令，面色没有一点儿变化，若无其事。9时20分左右，瞿秋白在政训处长蒋先启的陪伴下，走出他住了一个多月的房间，仰面向周围的人看了一下，神态自若缓步从容地走出大门。在场的人对瞿秋白这种视死如归的精神，既震惊，又感动。

　　瞿秋白在众人的簇拥下来到中山公园，在公园内的凉亭前停了下来拍照。当时除担任警戒的士兵外，还有特务连官兵30余人。瞿秋白向在场的人作了10多分钟的讲演，他说：共产主义是人类最伟大的理想，是要实行一个没有剥削、没有压迫的制度，使人人都能过上美好幸福的生活，他相信这个理想迟早一定要实现，中国共产党最后一定会取得胜利，国民党的反动统治一定会失败。

　　从中山公园到城外刑场罗汉岭，大约1公里多，瞿秋白缓步而行，最后来到一片草坪之间，他站住，环顾一下四周，盘腿坐下，对刽子手点点头，微笑说：“此地甚好。”随后枪声响起，英雄洒血倒下，年仅36岁……

　　宋希濂所撰《瞿秋白被捕和就义经过》里有一节专述其“从容就义”之事：

　　　　1935年6月18日晨，国民党第三十六师特务连长出示枪决命令，瞿秋白同志镇静地说：“人生有小休息，有大休息，今后我要大休息了。”并在去刑场途中，唱《国际歌》《红军歌》，呼喊“共产主义万岁”“中国共产党万岁”“中国革命胜利万岁"等口号。到达刑场后，他盘膝坐在草坪上，点头微笑说："此地甚好！"饮弹洒血，从容就义。

1935年7月5日天津《大公报》是这样记述的：

6月18日长汀通讯——瞿秋白系共党首要。本年3月中旬，于长汀水口地方被保安十四团钟绍奎将其俘获，当时瞿犹变名为林祺祥。拘禁月余，莫能辨认。后呈解长汀，经三十六师军法处反复质证，彼乃坦然承诺。于是优予待遇，另辟闭室。时过两月有余，毫无讯息。今晨忽闻瞿之末日已临，登时可信可疑，记者为好奇心所驱使，趋前叩询，至其卧室，见瞿正大挥毫笔，书写绝句。

书毕，至中山公园，全园为之寂静，鸟雀停息呻吟。信步至亭前，已见菲菜四碟，美酒一瓷。彼独坐其上，自斟自饮，谈笑自若，神色无异，酒半乃言曰："人之公余为小快乐，夜间安眠为大快乐，辞世长逝为真快乐。我们共产党人的哲学就是鞠躬尽瘁，死而后已。"继而高唱《国际歌》，打破沉寂之空间。酒毕，徐步赴刑场，前后卫士护送，空间极为严肃。经过街衢之口，见一瞎眼乞丐，回首一顾，似有所感也。既至刑场，彼自请仰卧受刑。枪声一发，瞿遂长逝人世矣！

瞿秋白在狱中赠给狱医陈炎冰的照片上的题词，表明了他面对死亡的态度：

如果人有灵魂的话，
何必要这个躯壳！
但是，如果没有的话，
这个躯壳又有什么用处？

六、无处觅霜痕

瞿秋白就义后第十二天，1935年7月1日，国民党《中央日报》发布了瞿秋白在长汀被枪决的消息。7月3日至6日，国民党《福建民报》连载瞿秋白狱中访问记；6日，国民党《时事新报》以白话形式转载。当时，中央红军还在长征途中，所以最早对这一信息作出反应的是在苏联莫斯科的中共党组织。

在莫斯科共产国际执委会工作的郭绍棠最早得知瞿秋白英勇就义的消息，他在《回忆瞿秋白》一文中这样记述：

> 我第一个了解到他牺牲的消息。我将发生的情况向共产国际执委会领导成员作了报告，他们听到这个悲痛的消息都很震惊。皮克、贝拉·库恩、马·卡申、曼努伊尔斯基、克诺林、科拉罗夫、库西宁、加·波利特等分别为共产国际悼念瞿秋白的专号写了悼念文章，都对这位杰出的国际共产主义运动活动家、共产国际主席团成员、国际反帝联盟领导人之一表达了深切的敬意。他们指出了瞿秋白在世界革命运动中的杰出功绩，谈到了他的英勇精神，认为他的牺牲是不可弥补的损失。

在莫斯科的中国共产党组织指出："瞿秋白同志的死，不仅是中国共产党和中国革命的巨大损失，而且也是全世界无产阶级的巨大损失"；并称瞿秋白"是中国人民为社会、为民族解放事业而斗争的光辉榜样"。

红军长征结束后，时值瞿秋白殉难一周年，1936年6月20日，中国共产党在法国巴黎从事抗日民族统一战线宣传的机关报《救国时报》出版了"瞿秋白先生殉难一周年纪念"专版，这也是中共党史上第一次以专版的形式纪念党的领导人。苏联莫斯科外国工人出版社还编印了一本题为《殉国烈士瞿秋白》的中文书，书中收录了陈云、李立三、瞿秋白的遗孀杨之华等人悼念瞿秋白的文章，该书的"引言"称："瞿秋白同志不仅是中国共产党的最好领导者之一，而且是中国人民最优秀的领袖之一。他毕生为中华民族解放和社会解放而奋斗到底。当他牺牲的周年纪念日，不仅中国共产党党员，而且全中国人民都必然要纪念这位优秀的领袖。"

在瞿秋白殉难两周年时，1937年6月17日，《救国时报》第四版再次发表纪念瞿秋白烈士的文章及一张瞿秋白烈士的照片，瞿秋白的遗孀杨之华第一次在党的机关报上发表纪念瞿秋白的文章，题目为《"热血"重温——纪念秋白同志死难二周年》，文章写道："我有着说不出的感动和沉痛，更加敬佩他的伟大的牺牲精神，愿意把自己的最后一滴血贡献给中国人民解放事业的精神。"

在瞿秋白殉难三周年时，1938年6月，时任中共中央组织部部长的陈云先后在延安的马列学院、中央党校、抗大、中央组织部党训班、青年干校等讲授党的建设课程时，讲授了《纪念秋白同志》的提纲，提纲分为两大部分：瞿秋白的生平事迹，学习瞿秋白精神的重点。

在瞿秋白遇难十周年后，1945年4月20日，中国共产党六届七中全会通过了《关于若干历史问题的决议》，第一次以中共中央决议的形式对瞿秋白烈士作出重要的评价："瞿秋白同志，是当时党内有威信的领导者之一，他在被打击以后仍继续做了许多有益的工作（主要是在文化方面），在1935年6月他英勇地牺牲在敌人的屠刀之下。"

1946年，瞿秋白的遗孀杨之华回到延安，毛泽东特邀杨之华、瞿独伊母女到家中做客。毛泽东郑重地对她们说："瞿秋白同志的问题解决了，中央已作了一个《关于若干历史问题的决议》。"

1950年12月31日，毛泽东应杨之华的请求，为冯雪峰主持编辑的《瞿秋白文集》题词。毛泽东在题词中说："瞿秋白同志死去十五年了。在他生前，许多人不了解他，或者反对他，但他为人民工作的勇气并没有挫下来。他在革命困难的年月里坚持了英雄的立场，宁愿向刽子手的屠刀走去，不愿屈服。他的这种为人民工作的精神，这种临难不屈的意志和他在文字中保存下来的思想，将永远活着，不会死去。瞿秋白同志是肯用脑子想问题的，他是有思想的。他的遗集的出版，将有益于青年们，有益于人民的事业，特别是在文化事业方面。"

1951年6月，中共福建省委遵照党中央的指示，给中共龙岩地委、龙岩专员公署，中共长汀县委、长汀县人民政府下达指示，要求组织得力干部寻找瞿秋白烈士的坟墓；几经努力，最终在长汀县卧龙山罗汉岭边上的盘龙岗找到了瞿秋白的遗骸。

1955年6月18日，在瞿秋白殉难二十周年忌辰，中共中央在北京八宝山革命烈士公墓为瞿秋白的遗骨安葬举行隆重仪式，瞿秋白的墓碑碑文是周恩来亲笔题写的，仪式由周恩来主持，董必武、彭真、周建人、叶圣陶、杨之华、许广平等出席。中共中央宣传部部长陆定一代表党中央作瞿秋白烈士生平报告，报告中指出："瞿秋白同志是中国共产党的卓越的政治活动家和宣传家……瞿秋白同志是中国无产阶级的无限忠诚的战士。他献身革命直到最后一息。他的高贵的品质和毕生功绩将活在人民的心里，永垂不朽！"

1966年，"文化大革命"开始，《多余的话》被陈伯达、江青一伙污蔑为瞿秋白的"叛徒自白书"。

1979年以后，中央开始复查瞿秋白案，为其恢复名誉。

1980年10月19日，中共中央办公厅发出了转发中纪委《关于瞿秋白同志被捕就义情况的调查报告》的通知，结束了对此案的复查工作。该《报告》明确宣布："《多余的话》文中一没有出卖党和同志；二没有攻击马克思主义、共产主义；三没有吹捧国民党；四没有向敌人乞求不死的意图。""客观地全面地分析《多余的话》，它绝不是叛变投降的自白书。"

1982年9月，党的十二大召开，中纪委在向十二大的工作报告中说："对所谓瞿秋白同志在1935年被国民党逮捕后'自首叛变'的问题，重新作了调查。瞿秋白同志是我们党早期的著名的领导人之一，党内外都很关心他的问题。中央纪律检查委员会经过对他被捕前后的事实调查，证明瞿秋白同志在被捕后坚持不屈不挠的斗争，因而遭受敌人杀害。"至此，瞿秋白冤案被彻底平反。

1999年，江苏省和常州市政府在瞿秋白故居东侧新建了"瞿秋白同志纪念馆"，邓小平题写了馆名。

瞿秋白的革命精神永存，人们永远不会忘记他。

附录　瞿秋白生平年表

1899年1月29日，出生于江苏武进（今属常州）。

1905年，入冠英小学读书。

1909年秋，考入常州府中学堂预科，次年升入本科。

1915年冬，因交不起学费被迫辍学。

1916年，到无锡江溪桥杨氏小学任教；年底，进入武昌外国语专修学校学习英语。

1917年，入北京俄文专修馆学习。

1919年，参加五四运动，与郑振铎等创办《新社会》。

1920年，加入李大钊发起的马克思学说研究会。10月，被北京《晨报》和上海《时事新报》聘为特约通讯员，赴莫斯科采访。

1921年5月，由张太雷介绍加入共产党。6月，以记者身份参加共产国际第三次代表大会。秋，在东方大学中国班任翻译和助教。11月7日，俄国十月革命胜利四周年，在莫斯科第三电力劳工工厂参加工人纪念集会，聆听了列宁的演讲。

1922年春，正式加入中国共产党。年底，陈独秀代表中国共产党到莫斯科参加共产国际第四次代表大会，担任他的翻译。

1923年1月，离开莫斯科回国工作。6月，作为苏联归国代表，出席中共三大。夏，任上海大学教务长兼社会学系主任，同时负责中共中央宣传工作，担任《新青年》和《前锋》的主编，参加编辑《向导》。

1924年1月20日，中国国民党第一次全国代表大会在广州召开，当选为国民党候补中央执行委员，负责处理两党合作问题。

1925年1月，在中共四大上当选为中央执行委员会委员、中央局委员，成为中共领导人之一。5月，参与领导五卅反帝爱国运动。

1927年4月，在中共五大上批评了陈独秀的右倾投降主义错误，当选为中央政治局委员。8月7日，中共中央在汉口召开紧急会议，撤销了陈独秀总书记职务，瞿秋白当选为临时中央政治局常委、主席，主持中央工作。

1928年6月，在莫斯科主持召开中共六大，当选为中央政治局委员；会后，留在莫斯科任中共驻共产国际代表团团长。

1930年春，被撤销中国共产党驻共产国际代表的职务；8月，离开苏联回到上海。

1931年1月，在上海召开的中共六届四中全会上被解除中央领导职务；此后留在上海养病，进行文艺创作和翻译，与鲁迅结下深厚友谊，领导左翼文艺运动。

1932年，翻译出版《高尔基创作选集》《高尔基论文选集》等，是系统地向中国读者介绍马列主义文学艺术理论的第一人。

1934年1月，奉命离开上海；2月，到达中央革命根据地瑞金，任中华苏维埃共和国中央执行委员会委员、教育人民委员等职。

1934年10月，中央主力红军长征，留在苏区任中共苏区中央分局宣传部长兼中央政府办事处教育部长。

1935年2月24日，突围转移途中在福建长汀县水口乡被俘；6月18日在长汀英勇就义，年仅36岁。